UNFAIR TRADE

フェアトレードのおかしな真実

僕は本当に良いビジネスを探す旅に出た

THE SHOCKING TRUTH BEHIND 'ETHICAL' BUSINESS

著＝コナー・ウッドマン
訳＝松本裕

UNFAIR TRADE
フェアトレードのおかしな真実

僕は本当に良いビジネスを探す旅に出た

THE SHOCKING TRUTH BEHIND 'ETHICAL' BUSINESS

著＝コナー・ウッドマン　訳＝松本裕

UNFAIR TRADE

THE SHOCKING TRUTH BEHIND 'ETHICAL' BUSINESS

by CONOR WOODMAN

Japanese translation rights arranged with
Conor Woodman c/o Curtis Brown Group Limited,
London through Tuttle-Mori Agency, Inc., Tokyo

はじめに

本書は、貧しい人々についての本だ。具体的には、発展途上国の貧しい労働者についての本だ。彼らは、あなたがきっとやりたがらないような仕事を、あなたならきっと暮らしていけないような給料でやっている。彼らは農家、鉱山作業員、漁師、工員だ。彼らがつくった商品は、やがてあなたの買い物かごに入ることになる。それは数々の大手企業のおかげだ。大手レストランチェーン、大手電子機器会社、大手製薬会社、大手自動車メーカー……リストはどこまでもどこまでも続いていく。

本書は、そうした大企業によって貧しい人々がどのような影響を受けているのか、そして買い手である私たちによってもどのような影響を受けているのかを記している。

あなたも私と同様、自分のお気に入りのブランドが何十億ドル分もの商品を発展途上国から輸入しているのに、それらをつくっている人々がいまだに困窮しているのはなぜだろうと思ったことがあるかもしれない。私たちが買う食べ物、電子機器、服やその他諸々の商品をつくっている大手企業はなぜ、そうした商品を育て、獲り、組み立て、掘り出す人々が安全な環境で働き、ぎりぎりの状況で暮らさなくても済む十分な給料を受け取れるようにもっと努力しないのだろう？

こうした疑問をもったことがあるなら、あなたは手にする商品についてちょっと選り好みするようになってきた、数百万人のうちの一人なのかもしれない。この一〇年間で、世間では「倫理的意識《エシカル・アウェアネス》」が急速に高まってきた。倫理、あるいは環境に配慮した商品の売上は年々飛躍的に伸びており、商品がどこから来て、だれが調達し、どうやってつくられたのかを知りたがる人がますます増えていることを示している。

私たちは今、コーヒーやチョコレート、バナナ、携帯電話やその他多くの商品の選択を通じて、自分の倫理的価値観を表明できる立場にある。そしてその選択をする際、私たちが正しいことをしているのだと教えてくれるに等しいロゴやメッセージがパッケージにあるかどうかを基準にする場合もあるだろう。フェアトレード財団、レインフォレスト・アライアンス、フォレスト・スチュワードシップ・カウンシル、UTZサーティファイド。倫理的認証団体のロゴをつけた商品は、どんどん増えている。

つまりそれらのロゴやメッセージは、非常に強力なマーケティングツールだといえる。実際、倫理的認証はそれ自体が一大産業なのだ。生活協同組合による倫理的消費者についての報告書では、私たちの買い物かごに入る倫理的商品の総額は二〇〇九年に三六〇億ポンド以上で、フェアトレードラベルのついた商品だけでも、二〇一一年のイギリスでは総額一〇億ポンドを記録するだろうと推定されている。最近の景気後退にもかかわらず、イギリスでの倫理的商品の売上は、事実この二年間で二〇パーセントも伸びている。

だが実際には、「倫理的なビジネス」のラベルが企業に与えるマーケティング上の強みが、社会に良い変化をもたらすためではなく、物を売るための推進力になっているという危険はないだろうか？

数年前、私は電車に乗って、窓の外を流れゆく田園風景を眺めながらコーヒーをすっていた。ちらりと目をやると、コーヒーのカップにアフリカ人農家の写真とメッセージが印刷されているのに気づいた。「このコーヒーを飲むことで、あなたはウガンダのブサマンガ村の人たちの暮らしを改善しています」

その隣には、倫理的認証団体フェアトレード財団のロゴとキャッチコピー、「第三世界の生産者に、より有利な取引を保証する」が印刷されていた。

アフリカの村に住む貧しい農家を支援したいと願う「意識の高い消費者」である私にとって、これこそまさに目印にするべきロゴだ。それを見て私は安心し、倫理的意識の高い買い物をしたと気分を良くするはずだった。

だが私は少しずつ、疑問につきまとわれるようになった。どうも腑に落ちなかったのだ。

いくつかの厄介な疑問について考えている自分がいた。

私は、本当にこうした農家の暮らしを改善しているのだろうか？　彼らは本当に有利な取引ができているのだろうか？　特定のコーヒーを買うことでだれかの暮らしを改善することなど、そもそも可能なのだろうか？　再びロゴのことを考え、あのキャッチコピーはひょっとすると「第三世界の生産者にとって、より有利な取引にしようと試みている」と言ったほうが正確なのではと思った。そして、何かが成されているという事実に、いいことをしたような気になっている自分にも気づいた。

だがその一秒後には、いいことをしたような気分を消費者に与えることこそ、こうしたロゴのそもそもの意図ではないだろうかと疑問を覚えた。

テレビをつけたりネットで検索したりすると、世界中の貧困国に住む大勢の貧しい人々の暮らしがどのようなものなのか、その現実を目にすることは避けられない。メディアは、発展途上国で起こっていることを以前よりも多く私たちに伝えるようになった。

だが大きな政治的・経済的事件が語り尽くされるのに対し、畑や鉱山、漁船で働く普通の人々の日々の話について聞くことはほとんどない。そうした人々の暮らしがどうなっているかを知るためには、実際に現地へ行って自分の目で見る以外にないのだろうか？

電車での旅行の六カ月後、私はある有名旅行雑誌向けに記事を書くため、カメルーンにいた。リンベの街に近い海岸沿いの中級ホテルに数日間こもっていたのだが、そのホテルのランチは、たいていチキンか魚の二つしか選択肢がなかった。海のすぐそばだったのでものすごく新鮮な魚が提供されているはずだと思い、私はいつも魚を選んでいた。

部屋の窓からは毎朝、パトリスという名の地元の青年が丸木舟で釣りをしている姿が見えた。黒砂の海岸から二キロほど先の浅瀬で、その日のランチにシェフが客に出せるような上等のマグロかフエダイでもかからないかと釣り糸を垂れている。シルエットが朝日を背にして浮かんでいた。時折、ずっと遠くの沖合の水平線上を大型のトロール漁船が通り過ぎ、それに比べると豆粒のようなパトリスの小舟をよそ目に、魚を数千匹単位ですくい上げていた。

日が暮れたあとのリンベでビールや食事を楽しみたいなら、おすすめの場所は街の中央広場だ。ある晩、散歩の途中で広場を訪れると、家族と一緒に食事をしているパトリスを見かけた。私に気づいたパトリスは、ぜひ一緒に食べようと誘ってくれた。ホテルでいつも出されるような魚と米の料理を彼らも食べていたのだが、彼らの皿の上にある骨が、数時間前に私が食べた大きなフエダイの骨とはずいぶん違っているのにすぐ気づいた。

パトリスが、私が見たトロール船は中国籍だと教えてくれた。カメルーン国内でのさまざまな建設プロジェクトに対する投資の見返りに、政府は遠海での大規模漁業権を中国の漁業会社に売り払ってしまったのだ。その結果、地元の漁師は近場の浅瀬で糸釣りをすることしかできず、市場で売るどころか、家族を養えるだけの魚を釣るのさえままならなくなってしまった。たまにしか釣り上げられないフエダイはとても貴重で、高級魚を買える財力をもつ私のような観光客にしか売らない。地元住民が買えるのは、砂漠を越えてモロッコから輸入された干し魚だけなのだ。

これは言うまでもなく、衝撃の事実だ。公正で分別のある人ならだれでも、こんなことはおかしいと言うだろう。

だが、世界の貿易はこうした異常に満ちている。欧米の繁華街で売られる倫理的認証つきのコーヒーの値段がカメルーンで観光客の夕食に供される魚料理とほぼ同額で、そしてそのいずれもがそもそもそれらを生産した人々には手に入らないこの世界で、私たちはどうやって折り合いをつけていけばいいのだろう?

本書は、カメルーンへの旅で受けた衝撃から生まれた。遠くから倫理的立場を訴えるのは簡単だ。私は代わりに、自分で現地に行って目撃することにした。そのためには、いくつもの旅をする必要があった。ときに厄介で、しばしば残酷な、必要以上に短命に終わることもある発展途上地域の暮らしの現実を目の当たりにしたときに、自分の当初の考え方がどう変わるかを見たかったのだ。

こうして私は一年をかけ、たいていが不快で、ときには危険すら伴う状況に身を置くことになった。欧米消費者の食卓に食料を届け、ポケットに電子機器を入れる企業がどれほど倫理的かを確かめるため、中南米から極東まで旅をした。そして、極限状態で働く最貧困層の人々に私たち消費者の選択がどのような影響を及ぼすかを見るため、中央アジアから中央アフリカまで旅をした。最後に、より社会的責任を果たす形でサプライチェーンを管理している企業が採用している新しいアイディアを見るために、再びアフリカへ戻った。

私の最初の懸念は、大手企業が主張する倫理的発言が実際にはどの程度つじつまの合うものかということだった。ある企業がX、Y、あるいはZという行動を起こすと言った場合、私たちはそれを額面通り受け取っていいのだろうか？　その問いに答えるべく、私は世界規模の食物連鎖の一筋に焦点を当て、市場のロブスターが獲られた海までさかのぼることにした。世界最大手のレストランチェーンが何社も、中南米の納入業者からロブスターを一括で大量購入している。その多くは自社の倫理的資質について力強い主張をしており、自然保護プロジェクトに大金を投じている。だが私が気づいたのは、しばしば、現実は必ずしもその主張に沿っていないということだ。

今まで聞かされてきたことに対する信頼が一度失われてしまうと、当然何もかもが疑わしく思えてくる。そこで私は「善玉」に注意を向けることにした。

善玉、つまりレインフォレスト・アライアンスやフェアトレード財団のような、世界貿易の抱える問題に対する私たちの意識を高めることに大きく貢献してきた数々の団体だ。彼らはもちろん善かれと思って行動しているのだが、彼らは本当に約束を果たしているのか、あるいは果たすことができるのだろうか？　そして、彼らの主意が、大手企業の経営手段の一部に組み込まれたときにはどうなるのだろうか？　ハンバーガーチェーンのマクドナルドが「私たちはレインフォレスト・アライアンスを支援しています」と言うとき、それが本当に意味するところはなんだろう？　チョコレート会社のキャドバリーが世界中のマスコミに「フェアトレードに参入する」と発表するとき、私たちはそれがいい知らせに違いないと鵜呑みにしてもいいのだろうか？

大手企業がもし世界の貧困層を救済するつもりなら、彼らが取り組むべき課題は、レインフォレスト・アライアンスやフェアトレード財団のような団体が取り組もうとしている課題よりはるかに根深い。このグローバル化した経済では、あらゆる取引に彼らは関わっている。そこで、比較的単純なサプライチェーンをいくつか見たうえで、私はもっと複雑なサプライチェーンにも目を向けることにした。

優れた倫理的認証をもつおなじみのブランドの商品にも、実際にはそれを買う欧米の私たちから遠く離れた国や企業との、複雑にからみ合った貿易関係によってつくられているものがある。携帯電話、ラップトップPC、自動車、その他無数の魅力的な商品だ。

ますますグローバル化が進むこの世界経済では、製造業の近代化により、サプライチェーン全体が欧米消費者の厳しい目からはるか遠く離れた地球の反対側へ外部委託できるようになった。自分が関わっているのはお気に入りのブランドだけだと思いがちだが、そのブランドが第三世界の無名の工場と別の関係を築いていたとしたら、私たちは不快な三角関係に巻き込まれかねない。

昨今、そのような関係を考慮する際には、経済大国となった現代の中国を考えずにいることは事実上不可能だ。そこで、私は中国でもしばらく過ごし、消費財に対する私たちの飽くなき要求が、中国の工場であくせくとそれらを生産している無名の工員たちにとってどんな意味をもつのかを見ることにした。そしてその後、生産工程をもう一つさかのぼってラオス北部のジャングルへと向かった。

そこでは中国に供給する重要な原料が生産されている。欧米の消費者は、中国が貿易相手とおこなう取引に大きく依存しているのだ。それはどんな条件で行われ、生産国の人々にとってどんな意味をもっているのだろう?

旅の終盤では、さらに深く掘り下げることにした。ニカラグアや中国、ラオスのような国との貿易では、ひどい二重基準《ダブルスタンダード》とモラルの毀損が見られる。それでもそうした国々は、欠点は数多くあれど、少なくとも安定している。だが想像もつかないほどの規模で人権を蹂躙している国と取引しようとする場合、モラルと公正さに対する疑念はいっそう深くなる。そうした国の例が、コンゴ民主共和国やアフガニスタンだ。

実際にコンゴを訪れるまで、私はまともな国ならすべて、国連による取引停止の呼びかけに従っているものだと思っていた。それがコンゴ国民に何をもたらせるのかはわからなかったが、現地での紛争が過去一〇年間で何百万人以上の死者を出したことを思えば、少なくとも国際社会がそうした姿勢をとることは理解できると思っていたのだ。

しかし、コンゴのスズ石鉱山を一回訪問しただけで、国連の怒りの声がどれほどむなしく響いているかを見るには十分だった。「スズ石」はあまり日常的に耳にする言葉ではないが、そこから取り出される錫《スズ》は、思いつく限りの家庭用・業務用電子機器にまず間違いなく使われている。私たちがコンゴと取引しなければ、錫はどうやって電子機器の中に入るのだ?

これだけ読むと、私が旅の終わりには多少賢く、かなり皮肉な人間になっていたように思えるかもしれない。倫理的なビジネスを信じていたのに、事実に直面した結果、その倫理的な主張が現実に即していることはめったになく、モラルと妥協なきビジネスとの戦いで勝者は常に一方だけであり、モラルが勝つことはまずないのだという結論に、不本意ながらも達したのだと。

だが実際は違う。奇妙な話だが、取材旅行の間中、ずっと私を支え続けた信念を裏づけたのはアフガニスタンへの訪問だった。国際貿易に参入して利益を上げつつも、モラルを保ち毅然とふるまうことは可能なのだ。そして、訪れたどの国でも、私は驚くべきサクセスストーリーを話してくれる驚くべき人々に出会ってきた。あなたが普段よく耳にするような話ではないことは間違いない。

本書が世界貿易のバランスの改善につながることを願っている。これは、大手企業がどのように事業をおこなっているかをつぶさに見ることを目的としているわけではなく、むしろ世界でもっとも貧しい労働者たちの暮らしがどんなものかを垣間見せる事例のコレクションだ。あなたの現時点での思い込みを揺るがすかもしれないが、改善に向かう手立てがあることは示せる。ただそれが、ほとんどの大手企業が現在採用していると主張するものとは異なっているというだけだ。

❖人口はすべて二〇一一年、世界銀行調べ。

❖通貨はすべて二〇一三年七月一日のレートで換算。本文中で使用しているドル表記は、一ドル一〇〇円で換算。なお、CFAフランは西部・中部アフリカの旧フランス植民地の各国で用いられている通貨。

UNFAIR TRADE

フェアトレードのおかしな真実｜目次

1

船員のほうがましだ。長生きできるからな。

死ぬほど獲りたい
ニカラグア・ミスキートコースト

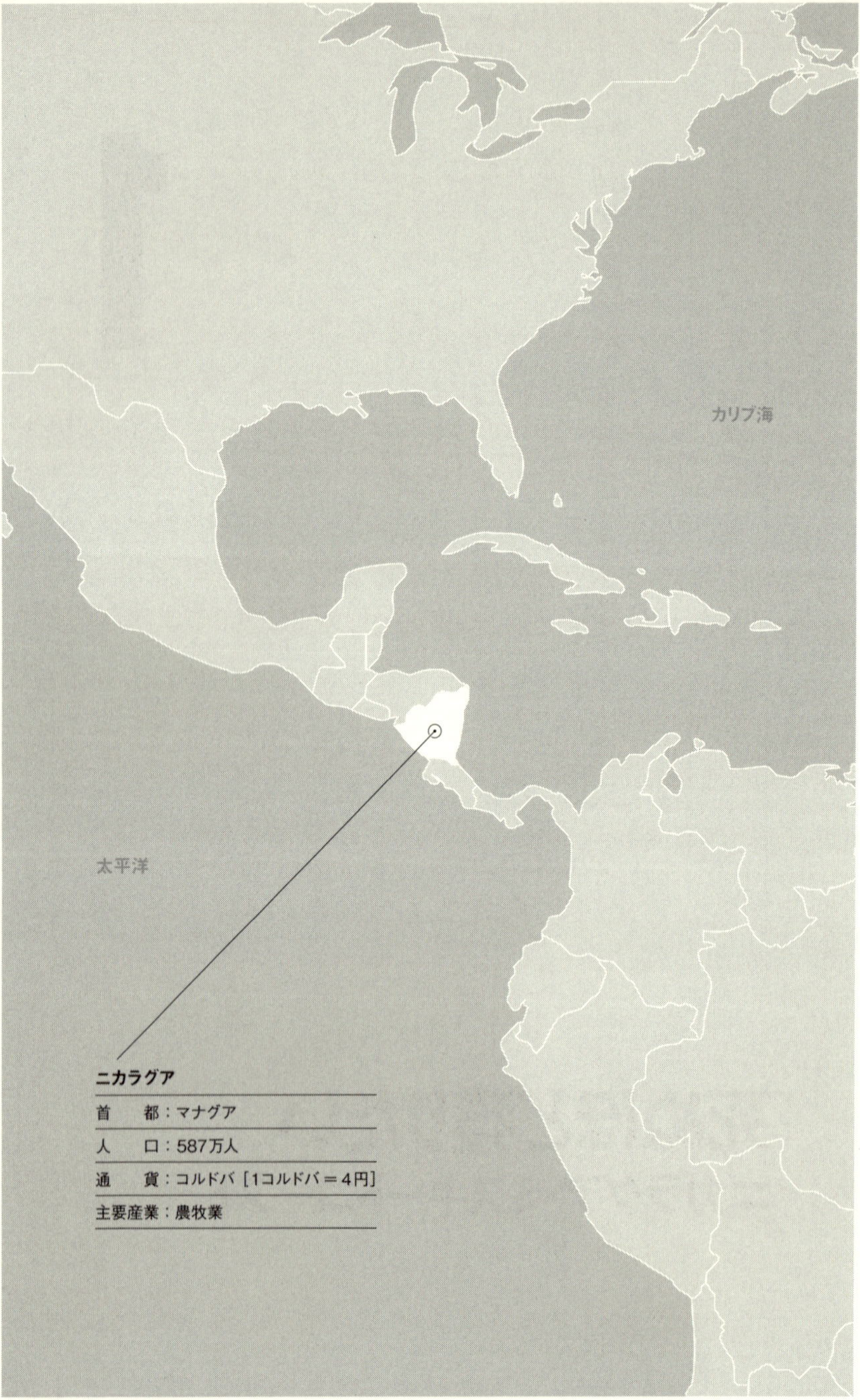
カリブ海
太平洋
ニカラグア
首　都：マナグア
人　口：587万人
通　貨：コルドバ［1コルドバ＝4円］
主要産業：農牧業

何もかもが原始的

私は早くも一抹の不安を覚えていた。全長約九メートルの小型ボート《スキフ》の帆は風で大きく膨らみ、そこに描かれた巨大なロゴが、ニカラグア沿岸のこの一帯は頻繁にハリケーンに襲われる地域だと思い出させる。

二〇〇七年にハリケーン・フェリックスが沿岸一帯を壊滅させたあと、米国国際開発庁は緊急支援物資（食料、衣類、テント、「USAID――アメリカ国民より」と印字された巨大な防水布）を送った。その防水布のほとんどが、私が乗っているこのような小型ボートの帆に使われる羽目になったのだ。

だが私が不安を感じている本当の理由は、海中深く潜ることに合意してしまったからだった。

私たちは、小島群《キーズ》から一・六キロほど離れたところまでやってきた。ダイバーの一人が錨を下ろし、残りの者たちは帆を畳んで三艘のカヌーを水面に下ろしはじめる。すっかり手慣れた一連の動きで、三分としないうちに全員が六本の酸素ボンベとともにカヌーに乗り移っていた。

私と一緒に潜ってくれることになったウォーリーは強靭で筋肉質な体の持ち主で、腕や脚はスキフのマストと同じくらい太い。彼の器材は水中マスクと足ヒレ、酸素ボンベを装着するためのマジックテープつきストラップがくっついた黒い小さな三角形のプラスチック板、そしてもう一つ、必要不可欠な道具――先端が鉤状になった、長い金属の棒のようなものだ。

何もかもがあまりに原始的に思えることに、私は衝撃を受けた。欧米諸国のダイバーが普通使うようなダイヤルやゲージは皆無で、自分の現在の深度や酸素の残量を知る術は一切ない。私はまだ運がいいほうだ。少なくともダイビングコンピューターを持っているから深度もわかるし、水面へ浮上する途中で減圧のために安全停止をするべきかどうかもわかる。だがそれ以外は、私もウォーリーと同じ、ごく旧式の器材を使うしかないのだ。

まだ潜りもしないうちから、もう危険を感じる。ウォーリーの息子が、三角形の板に装着済みの酸素ボンベをカヌーから渡してくれた。そして早く腰に巻きつけるようにと指示する。ひどく心許ない装着感だ。私が水の中に入ると、ウォーリーの息子は手を伸ばし、私のエアーバルブをひねった。マウスピースがちゃんと機能していれば、陸上で息をするのと同じように、水中でも普通に呼吸ができる。

だが、このマウスピースは不良品で、空気がタンクから勝手に吹き出してくる。一応機能してはいるが、通常のダイビングでこんな器材に当たったら、私なら本能的に浮上して修理か交換をするだろう。だがウォーリーはただ肩をすくめ、自分のも壊れていると言っただけだった。その仕草には、ぐずぐずしないでさっさと終わらせてくれよ、という雰囲気があった。こっちも楽しい気分ではない。少々怖気づくどころの話ではなかった。

ウォーリーが、頭を下にして潜水をはじめた。さっさと潜っていってしまう。私は足から潜るタイプだ。ゆっくり、確実に、耳の中の圧がちゃんと抜けるように。鼓膜を傷つけないためには大事な手順なのに、ウォーリーは待ってくれない。薄暗い水中で彼の姿を見失いたくなかったら、私も急いで潜らなければならない。海底に頭が向くよう水中で体を回転させ、私は足ヒレで水を蹴ってウォーリーを追った。

ダイビングコンピューターにちらりと目をやり、もう水深六メートルまで潜ったのを確認した瞬間、なんの前触れもなく頭がぐいっとひねられ、マウスピースが乱暴に口からもぎ取られた。酸素ボンベがストラップから外れ、勝手に水面へと戻っていくのが見える。そして私は、酸素なしで水深六メートルに置き去りだ。十分に経験のあるダイバーであるにもかかわらず、私はパニックに陥った。

ほぼ一五年におよぶレクリエーショナルダイビング経験の中で初めて、緊急浮上をしなければならなくなった。上昇しながら、同じペースで息を吐き続けることを意識する。酸素不足にならないためでもあるが、それ以上に、水面に到達したときに肺が破裂しないようにするためだ。

水面に顔を出すと、ウォーリーの息子が私のボンベを回収しているのが見えた。三角形の板はまだ私にくっついている。ウォーリーの頭も間もなく水面に現れ、困惑した表情でこっちへ泳いできたが、すぐに何があったのかを理解したようだった。息子に何か叫ぶ。きっと、ストラップの締め方が甘いと叱っているのだろう（だといいのだが）。私はカヌーによじ登り、プラスチック板を外し、ストラップをつけ直して、再度水中へ戻った。

それが、人生最悪のダイビングのはじまりだった。私はまた頭を下にして、先を行くウォーリーがすぐに視界から消えてしまいそうになるのを追って潜り続けた。耳がずっと痛いままで、ボンベがまた私を置いて水面に戻っていってしまうのではないかと疑心暗鬼になる。マウスピースが休みなく勝手に私の口に空気を吹き込んでくる中でどうにか呼吸をしようと苦労しながらも、絶えずコンピューターを確認し、万が一何かまずいことがあった場合でもまだ安全に緊急浮上ができる限界の、水深一八メートルより深くは潜らないように気をつけていた。そんな状態で、どうにかウォーリーの作業を観察する。

やがて、私たちは水深一六メートルあたりで落ち着き、ウォーリーが岩礁の端になっている岩壁づたいに移動をはじめた。毎日潜水している人間にしては、ぎこちない動きだ。海流に体をもっていかれないよう頻繁に珊瑚につかまりながら、岩間の裂け目や隙間を覗き込む。しばらくするとこちらを振り向き、近くに来いという仕草をした。そこで初めて、私は今回の獲物を目にした。張り出した岩陰から、二本の長い触角が突き出していた。

ウォーリーは金属の棒を海底に這わせるように置き、そのまま慎重に穴の奥深くへと滑り込ませた。中の生き物は何かがおかしいと気づいた様子で穴の奥へと後退したが、甘かった。一瞬のうちにウォーリーが生き物の下へと棒を差し込み、巧みなひと引きとともに、先端の鉤が腹に深く刺さった状態で獲物を穴から引き出す。生き物はどうすることもできずに鉤の先でもがいていたが、ウォーリーは空いたほうの手でそれをつかんで鉤から外すと棒をくるりと回し、尖った釘状の端で生き物の頭の付け根を突いた。生き物が間違いなく死んだことを確認すると、ウォーリーは慎重に生き物の頭を外し、器用に肩にかけていた網の袋に、身がたっぷり詰まった貴重な尾を入れた。ロブスター、一丁上がりだ。

私はウォーリーに「OK」のサインを出したが、彼には意味が通じなかったようだ。そこで、私は浮上すると合図をした。ウォーリーは、「わかったよ。またあとでな」とでも言うように頷いた。実際、ウェットスーツなしで潜っていたせいで体が冷えはじめている。私は浮上を開始し、途中で念のため、そしてダイビングコンピューターの機嫌を損ねないために、減圧停止をおこなった。

カヌーにボンベを放り上げ、解放されて良かったと思いながらボートと並んで泳ぐ。ウォーリーの息子はじっと水面を見つめながら、注意深くパドルを漕いでいた。

カヌーに乗る人間は「船の男《ドーリー・マン》」と呼ばれ、水面に浮いてくる泡を頼りにダイバーの後を追うのが仕事だ。これは口で言うのは簡単だが実際にやるのは非常に難しく、二五分後にウォーリーが浮上したときの彼の位置は、ドーリー・マンを務める息子が思っていた位置から少なくとも一〇〇メートルはずれていた。その日は凪だったのに、だ。

ウォーリーとドーリー・マンが水をかいて互いに近づき、ウォーリーは息子にボンベを渡した。私のコンピューターによれば、彼は四五分近く水中に潜っていたことになる。水深一六メートルで四五分というのは、レクリエーショナルダイビングならわりと標準的な時間だ。浮上の際に減圧停止をおこない、水上で一時間休憩すれば、その日のうちに同じくらいの深さまでもう一度潜水しても大丈夫だ。そのあとさらに二時間ほど休憩すれば、夕方にもう一度だけ潜っても安全だろう。それだけの計算をしている間に、ウォーリーはもう水の中に戻っていた。新しいボンベを体にくくりつけながら、頭から先に潜っていく。今度は、一時間近くも潜っていた。

その日一一回浮上した中で、ウォーリーはただの一度も減圧停止をおこなわなかった。安全停止には、せいぜい一、二分しかかからない。だが、それがなぜ重要なのか、だれもウォーリーに説明してはいない。一日に一一回もの潜水が危険であることも、水深計や酸素ゲージが生存の確率を高めてくれることも、だれかが彼に教えたことは一度もない。ウォーリーには仕事があり、彼はなんの疑問も抱かずにただそれをこなしているだけなのだ。

足を引きずる男たち

陸に戻っても、この仕事がどれほどの危険を伴うのかを思い知らせる光景には事欠かない。プエルト・カベサス、あるいは地元ではビルウィと呼ばれるこの町は、長く白い砂浜に縁取られたニカラグアのカリブ海岸線沿いにある港町だ。ごく典型的なカリブの町で、トタン屋根に覆われた色とりどりの平屋が立ち並び、大きな白壁の教会も十数軒ある。

私の隣を歩いているのは、ニカラグアでのコーディネーター兼通訳のジョン・リヴェラ・ハドソンだ。背が低く、細身で頭ははげており、着ている黄色いTシャツは大きすぎるものだから、ワンピースのように短パンの上にかぶさっている。鼻の先には丸い細縁の眼鏡をのせ、足元は鮮やかなピンク色のクロックスで固めていた。「女房のだよ。俺と靴のサイズが一緒なんだ」

町へと続く舗装道路を上がっていく途中で一人、そしてまた一人、明らかに足を引きずっている若い男とすれ違った。町の中心にある公園では低い壁に沿って男たちが座り、大声でしゃべりながら茶色い瓶に入ったビールをラッパ飲みしていた。どうということのない光景だ――彼らの脇の壁に、松葉杖がずらりと並んでいる以外は。

ジョンが、子ども用のゴーカートのような乗り物で近づいてくる男に気づいた。男はクリーヴス・トンプソンと名乗った。彼の手製の車椅子は木枠に車輪を三つつけたもので、真ん中にハンドルのついた長いシャフトがあり、それで後輪につながっているチェーンを操作するようになっていた。クリーヴスはボストン・レッドソックスのTシャツを着ていて、その下にはいている黒のジーンズが萎えた脚をだらりと覆っていた。

ハンドルに寄りかかりながら、どうして自分がそんな姿になってしまったのかを説明してくれる。「潜水をしていたせいだ」と彼は語った。「一二年間、ロブスター漁でボートから潜っていた。そうしたら病気になった。もう働けないから、物乞いをするしかない。だれかに何かしら恵んでもらう。それしか生きる方法がないんだよ」

クリーヴスは、度重なる潜水の結末を甘んじて受けている。先進国のダイバーたちの間では、減圧停止は安全な潜水に不可欠な要素だ。たとえば、私が水深三〇メートルまで潜るとしよう。私が背負っている酸素ボンベの中の空気には窒素と酸素が含まれていて、その両方が肺を通って血液に吸収される。泳ぎ回る間に私の体は酸素を消費する。窒素は体中を巡って肺へ戻り、体内で生成された二酸化炭素と一緒に口から吐き出される。水深三〇メートルにいるため、私はこういった呼吸運動を強烈な水圧の中でおこなっている。

問題は、窒素が体内を巡って再び肺へと戻るまでに一、二分かかるということだ。もし私がクリーヴスのように窒素がまだ血液中に残っている状態で浮上したとすると、その窒素は膨張し、血管の中に小さな泡を生じさせる。それは塞栓症《そくせんしょう》という症状を引き起こし、減圧症または

「潜水病《ベンド》」へとつながる。それが原因で手足が不自由になることもあるし、最悪の場合は、死に至ることもある。

クリーヴスはこのような状況にある四〇〇〇人以上の若者の一人だが、見方によっては幸運なほうだといえるかもしれない。毎年、五〇人もの男たちがロブスターを獲りに潜って命を落とすのだ。そのすべてがミスキート族という、海岸線のこの地域に何百年も前から住んでいるネイティブ・アメリカンの男たちだ。

ビルウィが「ほら吹き男のはったり《ブラグマンズ・ブラフ》」と呼ばれていた三〇〇年前、このあたりをうろついていたイギリスの海賊たちはミスキート族が貴重な友人、そして協力者になり得ることにすぐ気づいた。共存共栄の貿易関係が築かれ、アメリカ独立戦争や奴隷貿易の時代にも続いた。ミスキート族とイギリス人は一七四〇年に正式な友好同盟条約を結び、親密な関係はその後一〇〇年間続いた。その証拠が、この地域に見られるイギリス風の名前の多さだ。ミスキート族の最初の四人の王たちはそれぞれジェレミー、ピーター、エドワード、ジョージと名づけられていた。

イギリス人たちが去ってずっと経ってから、アメリカの巨大複合企業ユナイテッド・フルーツがミスキート族と取引をしにやってきた。そしてこの地域からバナナと木材を輸出して何億ドルも儲けた。しかしバナナは風土病のためにここではもう存続可能な換金作物ではなくなり、二〇〇六年五月には政府がマホガニー、スギ、ポチョーテ［訳注：中南米に生えるアオイ科の花木］、マツ、マングローヴ、パンヤの木の伐採と輸出を全国的に一〇年間禁止する緊急措置を発表した。この禁止措置は、ミスキート地域における森林破壊対策のため、ニカラグアで「環境保護活動」として発表されたものだった。

過去五〇年の間に、約一万五〇〇〇平方キロメートルもの森林が伐採と農業のために失われていたのだ。それに比べればロブスター漁は、少なくとも表面上は、ずっとましでもっと持続可能な経済活動のように思える。

「人にやさしく社会に責任をもつ会社です」

ビルウィから四〇キロほど離れたところには小島群《キーズ》があり、その中のひとつがウィプリング島だ。海底に打ち込まれた支柱の上に、六軒の掘っ立て小屋がつくられている。小屋が海面に映ると、遠目には、海のど真ん中にある浅い洲の上に一二軒の「家」が浮かぶ村のように見える。

家のひとつにはハンモックが三つ吊るされている。ひとつは夜にウォーリーが寝るため、他の二つは、一〇代後半になる息子と娘の分だ。三人の他にもこの家には二人の女性が暮らしている。一人はドーラと言い、夫と五歳の息子がいる。そして、ここへ潜りに来ている男たちが五人。全員、本土のダキラという町の出身だ。

ウィプリングや他の同じような小島は総称してミスキート・キーズと呼ばれ、九月から五月までのロブスター漁期中、沿岸の大きな村はそれぞれにこのような作業用住居を沖合につくっている。

「うちの子は、男としての生き方を学ぶためにここに来るのが大好きなのよ」。魚のうろこをはがしながら、ドーラが話してくれた。家の前のデッキでしゃがみ込んだ姿勢で手際よくうろこを眼下の海へと弾き飛ばすので、それに引き寄せられて色鮮やかな魚の群れが集まっていた。「それでも、陸の我が家のほうがいいね。あっちなら歩き回ったり教会に行ったりできるから」

日中、ハンモックは常に使用中だ。食事の時間以外は、必ずだれかが休息をとっている。家の中が静かになることは片時もなく、常にミスキート語のおしゃべりで満たされている。

ウォーリーは最近、洲に支柱を追加で何本か打ち込んだ。そこへ離れのようなものを建て、半分に切ったドラム缶の中で火を焚き、強烈な臭いを放つ黒い鍋一杯のナマコをぐつぐつと煮ている。新たに獲得した中国の顧客向けに輸出するため、そうやって保存がきくようにするのだ。デッキの中央には昔懐かしいメラミン樹脂塗装が施された一九七〇年代ものの冷蔵庫が置かれていて、装飾品兼キッチンテーブルの役割を果たしている。当然電気など来ていないので、プラグを差し込む先はない。

ウォーリーは、ここでもう三週間はこの暮らしを続けている。家の奥にはかなり大きな青いプラスチックの保冷タンクがいくつかあり、どれも氷が一杯に詰め込まれていて最大約二二七キロ分のロブスターを一週間冷蔵しておける。その反対の隅には一〇〇本を超える酸素ボンベが並んでいる。そして部屋の中央に、食料品店にあるような古いはかりがぶら下がっている。ウォーリーはボンベを一本あたり約二・五ドルで他の男たちにレンタルしているが、その代金には、彼のボートで岩礁まで運ぶ運賃も含まれる。男たちがロブスターを獲ってきたらウォーリーはそれを量り、その場で買い取る。大きさと重さにもよるが、買取価格はだいたい一ポンド（四五四グラム）あたり五ドルだ。

毎週、ウォーリーが単に「会社」と呼ぶ企業が所有するボートがビルウィからやってくる。そのボートはロブスターを回収し、新しい氷とコンプレッサー用のディーゼル油を降ろし、他にも米やタバコ、少量のラム酒といった日用品を置いていく。ウォーリーはロブスターを一ポンドあたり七ドル近くで会社に売っている。ロブスターを冷蔵保存できる唯一の設備をもっている人間としてウォーリーは事実上この島のボスであり、結果的に全員から四〇パーセントの利幅を得ているのだ。

キーズにいる漁師の中には、仕掛けでつかまえたロブスターを持ち込む者もいる。ウォーリーは、どのような方法で獲ったロブスターでも全部買い取るという。結局、全部同じ大きな青い保冷タンクに放り込まれて、毎週会社が回収するのだから。どっちの漁法が効率がいいのだろう、と私は疑問に思った。ウォーリーが首を振る。「仕掛けを使うやつはあまりいない。ロブスターで稼ぎたいなら、潜るしかない」

潜るよりもずっと安全なのだから、当たり外れがあり多少稼ぎが減ったとしても仕掛け漁のほうがいいとキーズの人々はわかっているのだろうか、と私は思ったことをそのまま口にした。するとウォーリーは、仕掛けを使う漁法に乗り換えたくても生計を立てるには最低でも五〇個は仕掛けが必要で、それは一個あたり二五ドルから三〇ドルもするのだと言う。「高すぎる」。首を振り、彼はこの提案を笑い飛ばした。ロブスター漁師の間では比較的稼ぎのいい彼でさえ、そのような投資ができるほどの余分な資金はまったくないのだ。

ウォーリーがロブスターを売っている「会社」は、ビルウィに拠点を置き、ボートで買い付けに来る七社のロブスター加工業者のうちのひとつだ。ロブスターはそこから北へ輸送され、大企業ダーデンが所有する「レッド・ロブスター」のようなアメリカの大手レストランチェーンに届けられる。ロブスターは一大産業で、高値で取引されるが、アメリカの企業は「企業の社会的責任」(CSR)に敏感だ。たとえば、ダーデンのウェブサイトにはこのように記されている。

「ダーデンは一八〇〇軒のレストランを所有・経営しており、年間売上高は七〇億ドル以上です……ダーデンは、人にやさしく社会に責任をもつ企業精神が評価されている会社です」

このような企業は、ロブスターを獲るために潜る行為が危険であり、ロブスター漁に携わる人々が負傷したり死亡したりすることもあると知っている。このため、ニカラグアからロブスターを輸入しているアメリカ企業の多くは、そんな危険な方法で獲られたロブスターをそうと知って購入することは決してないと主張している。

問題は、どのロブスターも見た目は同じだということだ。潜水か仕掛けか、どっちの方法で獲られたかを明記したシールが貼ってあるわけではない。そして、ウォーリーの大きな青い保冷タンクに放り込まれるときにはもう、どれがどれだかわからなくなっているのだ。


ミスキート族には、もう世襲の王はいない。彼らの新たな指導者、ヘクター・ウィリアムズ牧師は、またの名をウィフタ＝タラ（偉大なる判事）という。背が低くずんぐりとした牧師は鉛筆で描いたような細い口ひげをたくわえ、王冠とマントではなく小粋なグレーのスラックスと白い綿シャツという出で立ちで私を温かく自宅に迎え入れてくれた。この訪問者がはるばるロンドンからやってきたと聞き、満面の笑みを浮かべる。「イギリス人はわれわれの最初の父でした」と言い、そして公平を期すかのように首を傾けた。「アメリカ人は二番目の父です」

二〇〇九年四月一三日、地域一帯に点在する三八六のミスキート族のコミュニティから指導者を選ぶために長老たちが集まった。合計一四〇〇人以上の長老が票を投じた。これはきわめてオープンにおこなわれる投票システムで、出席者の前方にある舞台に三人の候補者が座り、長老たちは自分の選んだ人物の前に立つことで票を投じる。

出席していた長老たちの半数以上がヘクターの前に列をつくった。こうして選ばれた新指導者としてヘクターが最初におこなったのが、マナグアにあるダニエル・オルテガのサンディニスタ政権からの独立宣言だった。

ミスキート族の資源から生じる税金を利用できるようになり、ヘクターはまずやるべきことを確信していた。「病院や医師、看護師が必要なのはもちろんですが、何よりも人々が飢えているのです。まずはそれに対処しなければ」

地球上でもっとも豊かな海岸線のひとつに住んでいながら、人々が飢えることがあるというのが驚きだった。あれだけの魚やロブスターは？

「ここの住民はロブスターなど高くて口にできません。ロブスターはまっすぐマイアミへ送られます。ロブスターを獲るダイバーたちは自分の獲物を買い取るだけの報酬を得ておらず、自分や家族が食べられる他の食糧を買う金すら満足に稼げていないのです」

二〇一〇年、自分たちの報酬率がどんどん切り下げられるのを目のあたりにしたビルウィのダイバーたちは、今のままの報酬ではもう暮らしていけないという結論に達した。「ストライキは一五日間続きました」。ヘクターは大きなため息をついた。「会社が抵抗し、ダイバーたちは他にどうしようもなくて仕事に戻りました。うちひしがれて、飢えたまま。その上、会社はさらにダイバーたちの報酬率を引き下げました」

ヘクターは、報酬の引き上げを強制できるのはマイアミの大企業だけだと信じている。「彼らができることではあります、ええ。でもおわかりいただかなければならないのは、ニカラグアではすべてが『バホ・デ・ラ・メサ（テーブルの下）』で行われるということです」

命がけの潜水

日々の仕事がどれだけ辛いものなのかは、全長三〇メートルのジャンク帆船《プロマール》号に同乗したときに痛感させられた。かつては白かったがいまやディーゼルの排気ガスで薄汚れて灰色がかったその船には、六〇人の男たちが乗り込んでいる。二六人のダイバー、ダイバーと組むドーリー・マン、船員が六人、それにコックと船長だ。

船長は濃い口ひげを生やしがっちりとした体型のホンジュラス人で、ずいぶんとあらたまった、かなり古風な握手で私を出迎えた。パスポートをさっと確認すると私の乗船を歓迎し、船長がビルウィの陸に戻るまではぜひ一緒に乗っていくようにと言ってくれた。

船には、潜水器材が揃っていた。デッキの両側には合計一五〇本のボンベを満タンにすることができるコンプレッサーが一台ずつあり、船尾近くに山と積み上げられたグラスファイバー製のカヌーの脇に固定されている。この船は一〇日間海に出て、うち八日間は潜水に費やされることになる。初日は、ロブスターを見つける確率が一番高い水深の深い場所へ行くだけで終わる。

《プロマール》の仕事のやり方《モドゥス・オペランディ》は、ミスキート・キーズでウォーリーに見せてもらったやり方よりさらにひどかった。海での一日は午前と午後の二セッションに分けられる。セッションごとにボンベが充填され、ドーリー・マンがカヌーの準備をする。船長がＧＰＳを使って三八メートル下にある海流を読み取り、ロブスター船は前進を続ける。一定間隔ごとにカヌーが海に下ろされ、ドーリー・マンが乗り移り、ボンベを四本受け取ってカヌーの底に置く。カヌーが安定すると、ダイバーが海に飛び込み、カヌーまで泳いでいく。ウォーリーがやっていたように、原始的な器材を装着して水面から姿を消すまでに要する時間はものの数秒だ。

ダイバーたちは水深計を持っていないので、自分がどれくらい深く潜ったのかを知る術がない。アメリカのロブスター会社の中にはいつも仕掛けで捕らえたロブスターばかり買うのは不可能だと認めるものもあるが、そうした場合でも「浅瀬での潜水で、手でつかまえたロブスター」しか買わないと主張している。

だが、その「浅瀬での潜水で、手でつかまえたロブスター」がどれなのかを知ることはどう考えても不可能だ。何千キロも離れたところにある会社が、どうやってこのダイバーたちの潜る深さを知ることができる？　当人たちですら、深さがわかっていないのだ。

実際には、どのダイバーも海底の様子を私に説明することができる。ポイントの真上にいたのか近くにいたのかも説明できるので、船のGPSを見れば、彼らが水深三〇メートルから四三メートルの間で潜っていたのだろうと推測できる。

各セッションで、ダイバーはその深さまで四回から五回の潜水をおこなう。そして、魚と米の昼食休憩のあと、午後も同じ行程を繰り返す。合計すると、一人のダイバーが水深三〇メートル以上の潜水を毎日一〇回はおこなっていることになる。今回乗り組んでいる最年少のダイバーは、たったの一五歳だ。

乗船している若者たちは、キーズのダイバーたちよりも自分たちのほうが得をしていると思っている。食事とボンベ代は、すべて会社もちだからだ。エスエラから来ている一七歳のエドゥアルドは、それが「リスクを減らしてくれる」と言う。だが、だれかが致命的な事故に遭うリスクはどうなのだろう？「今回は一度も事故は起きてないよ」と彼は言った。「でも、年上のダイバーの一人は、足が痛いって言ってる。ほら、あそこにいるだろ？　あの、足を引きずってる人」

エドゥアルドの腕が伸びる先を目で追うと、上甲板に右足を抱え込んでいる青年がいた。減圧症または「潜水病《ベンド》」を患っている証拠だ。だがその苦痛にもかかわらず、青年は今回の航海で毎日欠かさず潜水していた。

乗船している男たちがすべてダイバーというわけではない。エルネストは、船を操作する船員の一人だ。「このあたりじゃ男はみんなダイバーになりたがるよ。簡単に儲かるってな」。「簡単」をカリブ独特のゆっくりとした言い方で強調しながら彼は言った。

「でも、ときどき死体で帰ってくるやつもいるし、水圧にやられて体が年寄りみたいになっちまうやつもいる」。手でもつったかのように手首をねじって、減圧症の症状を模してみせる。

「船員のほうがましだ。長生きできるからな」と言いながら、彼は悪意のこもった笑い声を上げた。

どう見ても二〇歳そこそこなのに、もう真の苦悩を見てきたとでも言うような暗い眼差しをしていた。

エルネストはそこで声をひそめ、話し続けた。

「俺たちは今週、海岸沿いのブルーフィールズから北上してきた。途中、船長が他の船から無線を受けた。トラブルって言うから潜水中止してそっちへ行った。ブルーフィールズのダイバーのガキが、水深四五メートルから血まみれで上がってきた。鼻からも耳からも、全部血だらけだよ。カヌーに引き上げたら、血をごぼごぼ吐いてカヌーの中も血だらけだ。長くはかからなかったけどな。すぐ死んじまったから」。エルネストは首を振った。「ブルーフィールズのそのガキ、みんなが知ってるやつだった。アントーニオってんだ。アントーニオ・ウィリス」キーズでの暮らしは常にハリケーンの脅威にさらされているが、船上でもそれは同様だ。二六人のダイバーが同時に潜水している状況でスコールや嵐がやってくると、大混乱を引き起こしかねない。エルネストはそれも経験済みだ。「雨が降って、ドーリー・マンがダイバーを見つけられないなんてことはしょっちゅうだよ。見失っちまうんだ」

私は愕然とした。海に出ていて、取り残されて船を見つけられないなんて、考えるだけでも恐ろしい。昔観た『オープン・ウォーター』という映画と同じ状況だ。「ダイバーが行方不明になったらどうなるんだ?」と聞くと、エルネストは「海底に沈むよ」と答えた。目を皿のように丸くして、頷いてみせる。「何回も、何回も見てきた」

《プロマール》が入港すると、ダイバーたちは上陸し、荷物を持って桟橋を歩いていく。その先には、女たちの集団が待ち受けている。おしゃべりや噂話に花を咲かせる彼女たちの声で、あたりはかなり騒がしい。港という場所柄から、最初は売春婦なのかと思った。海で何週間も寂しく過ごしてきた若者たちを慰めようと集まってきたのかと思ったのだ。だが、実際に受け渡されている現金の動きを見ていると、私が思っていたのとは逆の方向に流れていくので驚いた。

集団の中にいた女の一人はアルベルティーナといい、年は四〇歳前後、女たちの中でもひときわ目立っていた。薄汚れくすんだ茶色のAラインのスカート、色褪せたピンク色のベスト、アクセサリーはなく、古ぼけたビーチサンダルで、髪はきっちりとしたポニーテールに結っている。

女たちの何人かが男たちの間を縫うように動き回っては情報をもってアルベルティーナのもとへ戻っているようだった。すると彼女はてきぱきと指示を飛ばし、現金を渡していく。見ていると、彼女は突然集団から抜け出してダイバーの一人に歩み寄り、かなり激しい口調で叱りつけはじめた。相手が逃げようとしても通さず、しまいには木製の屋台が並ぶ向こうの隅へダイバーを追いつめ、何やら袋を受け取った。もし事情を知らなければ、麻薬の取引を目撃したと思うところだった。

アルベルティーナの夫はダイバーだったが、一〇年近く前に海で命を落とした。そして、アルベルティーナは自力で三人の子どもたちを育てなくてはいけなくなった。こういうときに頼りにできる国の社会福祉制度がないため、彼女は仕事をする必要に迫られた。そこで、ロブスター市場に自ら隙間市場をつくり上げた。一種の女性協同組合のような組織を率い、金を稼ぐチャンスを見つけ出したのだ。

慣例的に、一部のロブスター船の船長は、航海が終わるとダイバーがごく少量のロブスターを自宅用に持ち帰ることを許している。かつては、そのロブスターは「お父さんお帰りなさい」のご馳走として一家の食卓に上るのが常だった。だがいまやロブスターの価格は高騰し、ほとんどのニカラグア人がそんな贅沢はできなくなっている。

一四日間の航海を終えたばかりの男たちは町の酒場へ繰り出したくてたまらないが、ここでひとつ問題が生じる。船長が賃金を払ってくれるのは、町の会社にロブスターを売って代金を受け取ったあとなのだ。それには三日から四日かかることもある。ダイバーたちが自宅分のロブスターを直接会社へ持ち込めば一日くらいは早く現金が手に入るかもしれないが、それでも今すぐビールが買えるわけではない。そこでアルベルティーナが登場するわけだ。

ビルウィの女性たちは、ダイバーたちのジレンマを利用した。ダイバーたちには、ロブスター一ポンドあたり約七〇コルドバ（二八〇円）が船長から支払われる。そして船長は加工会社からだいたい一三〇～一五〇コルドバ（五二〇～六〇〇円）を受け取る。会社にしてみればロブスターがどこから持ち込まれようが関係ないので、そこに、支払を手にするまで一日か二日待っても構わないという仲買人、いや、女性仲買人の入る隙ができる。

アルベルティーナのチームは船が戻ってくるたびに桟橋で働き、ダイバー一人ひとりが持っている自宅用のロブスターを集められるだけ集めて一ポンドあたり一〇〇コルドバ（四〇〇円）

で買い上げる。集め終わるとそれを会社に持ち込んで、三〇～五〇パーセント分ものうまい汁が吸えるという仕組みだ。

ダイバーたちはこの取引に満足している。ときには、出航前にアルベルティーナや他の女たちから前払いを受けることもある。今ちょうどお叱りを受けていたダイバーは、前払いを受けていたのにそれをごまかそうとしたのだ。ただしそれもアルベルティーナがこう男に詰め寄るまでのことだった。

「代金は前払いで渡してあるじゃないか。それにあたしは未亡人なんだよ。あんた、父親のいない子どもたちのための金を盗むつもりかい」。アルベルティーナだけではない。コミュニティ全体が、同じように苦しい生活を送っているのだ。

白いロブスター

とはいえ、中にはうまくやっている者もいる。ウォーリー一家とともにいた夜、ウォーリーが食料をもっと手に入れるため陸に戻ると言った。彼自身は島にもっと長くいたいのだが、前の日にコンプレッサー用のディーゼル油を積んでビルウィからやってきた会社の船が運んできた米もタバコも、量が足りないのだという。私は、本土に戻るチャンスに飛びついた。ウォーリーはビルウィに行くわけではないが、もっと北の、ホンジュラスとの国境に近いサンディ・

ベイで降ろしてくれると言った。そこからなら、ヒッチハイクでもしてビルウィへ戻ることができるはずだ。

背後からの風を受け、陸への航海は海へ出るときよりもずっと快適だった。ウォーリーは落ち着いた様子で船尾に腰掛け、他の船に注意して周囲を見渡しながらゆっくりと舵を取っていた。

この海域は南米からアメリカへコカインを密輸するときの航路となっていて、アメリカに運び込まれるコカインのほとんどがここを通って運ばれる。使われるのはミスキートたちが「速く行く《ゴー・ファスト》」ボートと呼ぶ高速艇で、一度に最大二トンものコカインを運ぶことができる。

毎年、数百ものゴー・ファストボートが時速一〇〇キロを超えるスピードで近くのコロンビア領域からニカラグアを通過すると推定されている。その速度はニカラグアの大西洋管轄部隊の巡視船の最高速度を上回るので、この海域のパトロールはアメリカ海軍に任されている。

ミスキートの多くが、この麻薬戦争をチャンスと捉えている。海岸沿いのコミュニティは密輸船をサポートすることで直接的に利益を上げている。密輸業者がアメリカの巡視船やヘリコプターに見つかって追跡されたときに、かくまったり燃料を補給したりするのだ。

また、ここではどのミスキートも、だれか知り合いが「白いロブスター」を見つけたという話をする。

ゴー・ファストボートが巡視船の目を逃れきれない場合、ブツをまとめ二五キロサイズの防水の包みにして海に投棄するのが通例だ。証拠を隠滅すると同時に荷が軽くなり、逃げきれるのだ。たいてい、投棄されたコカインの包みは海流によって浜辺へ運ばれ、多いときは週二回、運のいいミスキートの漁師か漂着物漁りをするだれかが宝くじと同じくらいの大当たりを引き当てる。

一包みあたりの現地の相場は七万五〇〇〇ドルほどで、西半球ではハイチに次いで二番目に貧しい国の貧困地域に暮らすミスキートの人々にとって、これは莫大な額だ。ニカラグアの人口五五〇万人の半数が、一日一ドル以下で生活しているのだから。

海が運んでくるコカインによって極貧状態から大金持ちへと変貌する成功物語は、この沿岸では伝説のひとつとなっている。私が会ったミスキートは全員、兄弟やおじ、いとこのだれかが大金を手に入れて、分け前をやるから取りに来いと呼ばれた経験をもっていた。

その中でだれもが口にする町の名前がある。サンディ・ベイという小島だ。人口数百人の、ミスキート語が共通語のコミュニティであるここは、木造の掘っ立て小屋とトランジスタラジオの暮らしから、新築の頑丈なレンガ造りの家にパラボラアンテナと大型テレビを備えるまでになったのだ。

サンディ・ベイでは、コカインで得られた現金を使い、コミュニティの自主開発計画によって新しい家や学校、教会が建設された。これは、麻薬取引がもたらす数多くの矛盾のひとつに過ぎない。コカインは、一方では深刻な社会的問題を引き起こす。もう一方では、富をもたらす。他に経済機会のない状況で、コカイン取引は経済発展の源となり得るのだろうか?

ビルウィの説教師カルロス・コフィンは、サンディ・ベイのミスキート族のコミュニティで活動している。地元のコミュニティにとって、コカインは政府よりも役に立っている可能性があると思うか、と聞いてみた。

「疑問の余地はないよ、きみ。まったく疑問の余地はない。コカインは、マナグア中の政治家が成し遂げたよりも間違いなく多くをここの人々にもたらしている。悲しいことだが、麻薬が貢献しているのだ。この美しい家々を見てごらん。麻薬のおかげでできたものだ。税金のようなものだよ。学校や教会も、政府が建てたものではない。漁師たちと、彼らが見つけた代物が稼いだ金で建ったのだ。麻薬資金は、学校の建設と教会の屋根の修復に使われた。ここの牧師たちは、拾得物の分け前がもらえないと激怒する。信者のだれかが一五キロの包みを見つけたのなら、教会は一五キロ×三五〇〇ドル、つまり五万二五〇〇ドルと計算して、その一〇パーセントを見込んで『主のための五二五〇ドルはどうした?』などと聞くのさ」

「倫理的」な話の陰で

ビルウィの桟橋は、最初に参入したアメリカ系国際企業がつくったものだ。ユナイテッド・フルーツがここで事業をおこなっていたのは、ニカラグアが初期のバナナ共和国だった頃の話だ。この果物・材木会社が沿岸全域を支配しており、政府の活動を妨害し、操作し、広大な面積の土地を買い上げてアメリカ市場向けのバナナを植えていった。ジャングルのど真ん中から桟橋へと伸びる鉄道まで敷いた。ここでの事業からはもう何年も前に撤退したにもかかわらず、ユナイテッド・フルーツと地域の人々との結びつきは非常に強く、最近この地をハリケーンが襲ったときには、ユナイテッド・フルーツからビルウィの病院へ五万ドルの義捐金が送られたほどだった。

当初、桟橋は威風堂々と一六〇〇メートルも海へ突き出していたが、その後襲った数々のハリケーン（特に二〇〇七年のハリケーン・フェリックス）が少しずつ桟橋を削っていき、今ではわずか数百メートルが残されているに過ぎない。利用するのは《プロマール》のような古いジャンク帆船や、たまに訪れる貨物船の寄せ集め乗組員だけだ。

そうした船のひとつが《キャプテンD》号だ。一九四二年のアメリカ海軍の沿岸警備艇を改造したもので、今はビルウィから海岸沿いにずっと先にあるラマの国際港まで、冷凍したロブスターの尾や木材を運んでいる。ノーマン・ダウンズ船長が、私を船に乗せてくれた。ノーマンはサンディニスタが政権を取った内戦のあとフロリダへ亡命していたため、流暢な英語を話す。

一九九〇年にニカラグアへ帰国し、サンディニスタが不法に彼から徴発していたさまざまな財産を取り戻すと、沿岸で貨物を運ぶ仕事を再開した。彼は、この古い船が「どんな新しい船よりも良質な鋼鉄でできている」と自信たっぷりに請け合った。

ノーマンは、この沿岸におけるロブスターの重要性をよく理解している。一九六〇年代、ビルウィから新鮮なロブスターの尾を輸出するために冷凍処理する工程を最初に確立したのは彼なのだ。それまで、ロブスターはすべて生きたままパナマ経由でアメリカに運ばなければならなかった。ノーマンは長年にわたり、ビルウィから一大船団を送り出し続けた。「まだ一ポンドあたり一七ドルで売れた時代にはかなり稼いだよ。ああ。かなりの稼ぎだった」

私は、当時よりも今のほうがアメリカのレストランでのロブスターの値段は上がっているが、ダイバーが受け取る報酬はそのほんの一部だと教えてやった。「じゃ、だれかが大儲けしてるんだろうな」と、彼は悲しそうに眉をもち上げて見せた。

ノーマンの帰国後、アルノルド・アレマン率いる新たな自由同盟政府が彼に接触し、水産大臣をやらないかと声をかけた。ノーマンはそのチャンスに飛びつき、確固としたアイディアを手土産に就任した。

「就任初日から、やらなければいけないことが三つあると話したよ。まず、ホンジュラスからの船がわれわれの海域に入って来てわれわれのロブスターを獲っていくのをやめさせなければならない。次に、三年間ロブスター漁を完全に休止して、数が元通りに増えるまで待つ。そして最後に、若い男たちがロブスターを獲るために潜水するあのいかれた漁法をやめさせ、仕掛け漁のみに移行する。だがね、聞いてくれよ、マナグアでは私の提案をだれもこれっぽっちも気に入らなかった。たったの三日で、放り出されてしまったよ」

政府は、費用のかかるこうした提案が、彼らが経済的に依存しているアメリカ企業の気に障るのではないかと恐れたのだ。

ノーマンの《キャプテンD》は、いまや崩壊寸前のビルウィ桟橋を利用できる一番大きな船だ。政府は、桟橋を修繕するよりは沿岸の南にあるラマに国際港を建設するほうがいいと判断し、ノーマンの船は二つの港の間を行き来するシャトル便の役割を果たしている。

今回、木曜日の朝にマイアミへ向けて出港する大型船に間に合わせるためには、ビルウィのカロディ社から委託されたロブスターを積んで水曜日にはラマに到着していなければならない。マイアミ行きの船は、ミスキート・キーズからビルウィ、ブルーフィールズ、そしてコーン島までの沿岸で獲られたロブスターの集積場を兼ねているのだ。

ノーマンの分析とアイディアは実に理にかなっている。ミスキートの若者たちを組織的に身障者にしてしまう現在のやり方は人道的ではない、と彼は確信している。理想としては、ロブスターを仕掛けで獲る漁法への大規模な移行があり、さらには個体数が増えるまで漁を休止する期間も設けるべきだ。

もっと現実的なことを言うとすれば、最低限、潜水に伴う危険を少しでも軽減することぐらいはできるはずだ。実際、世界中のダイバーたちが毎日複数回の潜水を行っているが、適切な予防措置と安全技術を用いることによって安全に、けがも最小限に潜っているのだから。こうした技術はミスキートのダイバーたちに簡単に教えられるし、船長たちに義務づけることもできる。ただ問題は、その器材と研修に必要な費用だ。だれが金を出すというのだ？

ノーマンの見方では、それについてニカラグア政府に支援を求めるのは非現実的だという。このサプライチェーンで一番力をもっているのは、ニカラグアの供給業者が依存するアメリカのレストランや海産物の取扱会社だ。これらの企業は、ダイバーたちの就業環境に必要とされる変化を、もっとも効果的にもたらすことができる。

つまるところ、こうした企業の多くが、巨大事業の間で近年もてはやされるようになった至高の目標――企業の社会的責任（CSR）――に大々的に取り組んでいるのだから。彼らがCSRに取り組んでいるのは、純粋に善意からでもあるが、必然的に、商売上の妥当な理由があるからでもある。身もふたもない言い方をするなら、「倫理的」は売れるのだ。

たとえば、「レッド・ロブスター」のテーブルに置いてあるメニューには、同社が何百万ドルも海洋保護に投資していることが誇らしげに記され、利用客が目の前の食事をおいしく食べられるだけではなく、いいことをした気分にもなれるようにしている。

だがそのメニューには、ニカラグアのダイバーたちのことは何も書かれていない。サプライチェーンのこの闇の部分について訊ねられると、ダーデンの購買・サプライチェーン上級副社長ビル・ヘルツィヒはこう答えた。「当社の製品規格には、潜水漁によるロブスターは購入しないと明記されています。当社は、持続可能な方法で仕掛けを用いて採取されたロブスターしか購入していません」

悲しいことに、ミスキートのダイバーたちは二重基準《ダブルスタンダード》の世界に捕らわれている。大企業の言い分はこうだ。「われわれは潜水によるロブスター漁が悪いことだと知っている。だからその手法で獲られたとわかっているロブスターは買わない」。そして、「潜水で獲られたとわかっているロブスターを買っていないわけだから、何も問題などあるはずがない」

これは立証するのが難しい主張だ。最近実施された世界自然保護基金(WWF)の監査報告によると、命にかかわるリスクを冒してダイバーたちが獲ったロブスターの割合は、全体の五〇パーセントを超えるという。統計的に見れば、その一部が「倫理的」な米国企業の商品棚やメニューに載らないはずがない。いったん梱包され出荷されてしまえば、そのロブスターがどういう方法で獲られたのかを知る術などないのだ。

これは、ＣＳＲの欠陥を示す典型的な実例だ。たしかにいくつかの問題点は対応済みで、早く行動を起こした企業はそれによって競争優位を確立している。だが、より多くの問題が気づかれないまま、あるいは無視されたままだ。

ミスキートのダイバーたちの場合、ここでの問題が指摘され、すぐに実践できる現実的な解決策があると認められれば、比較的少ない出費で多くのことが成し遂げられる。その一方で、ダイバーたちが戻っていける麻薬取引も常に存在するのだが……。

そりゃ、頭の悪いマーケティングはしたくないですからね。

2

エコに熱心
イギリス・倫理的な市場

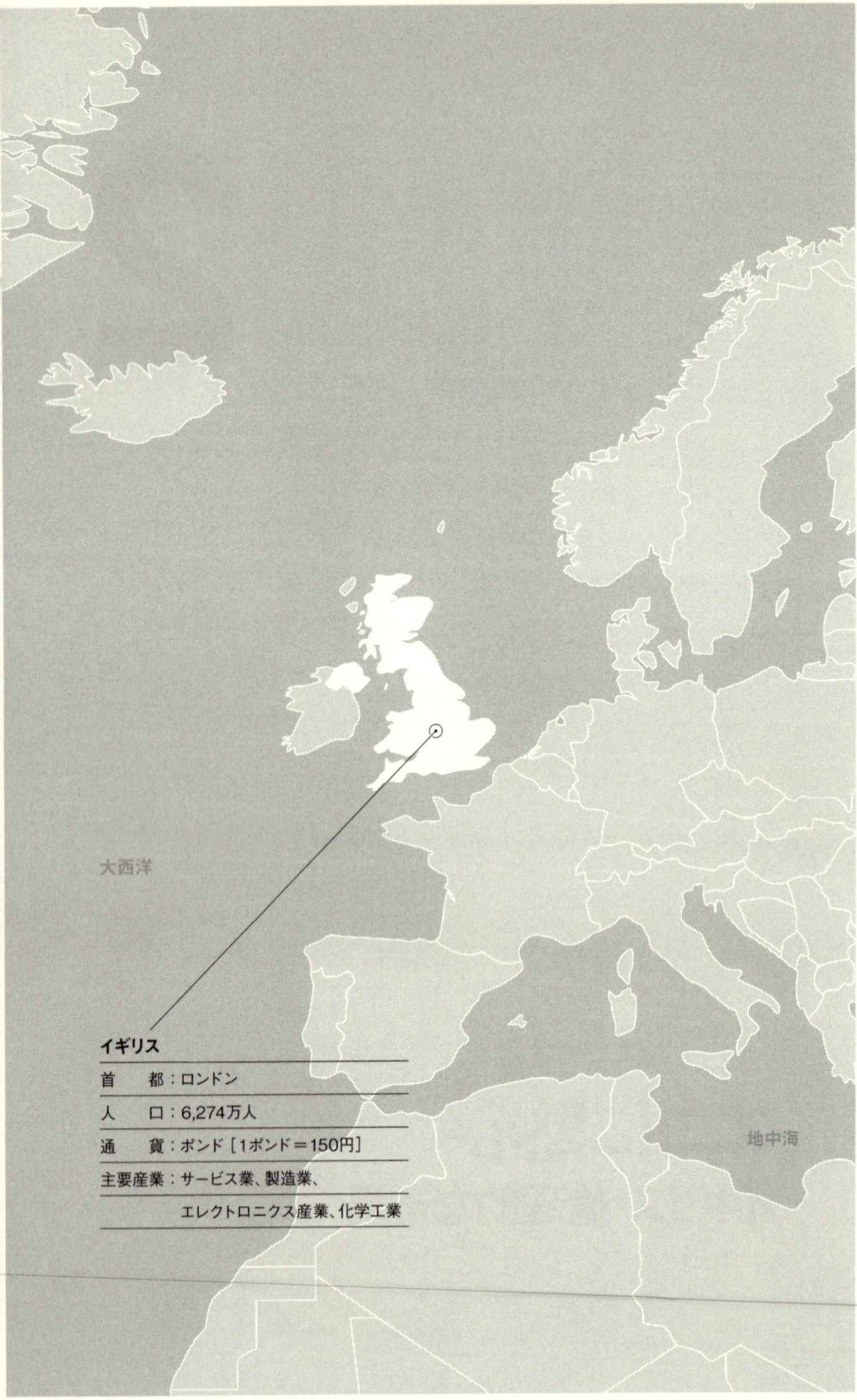

イギリス

首　都：ロンドン

人　口：6,274万人

通　貨：ポンド［1ポンド＝150円］

主要産業：サービス業、製造業、
エレクトロニクス産業、化学工業

産業化するフェアトレード

いったいなぜ、英国マクドナルドの本社はイースト・フィンチリーなどという、ロンドン北部の閑静な郊外にあるのだろう？　英国マクドナルドのサプライチェーン責任者ディーン・マッケンナのオフィスを訪ね、私はこの疑問を投げかけてみた。「前の責任者がこの近くに住んでたんじゃないでしょうか」と、オーストラリアかニュージーランドを思わせる話し方で彼は答えた。「たぶん、ハムステッドあたりに」

たしかに、ロンドンでは、家から目と鼻の先に職場があるほうが便利に決まっている。それに、首都の中心部からかなり離れた、社名が目立たないビルの中に入っているというのも、率直に言って必ずしも評判がいいとは言えない企業にとっては好都合なのかもしれない、と私は考えずにはいられなかった。環境保護運動において、マクドナルドが必ずしも今月イチ押しの商品ではない時期があったのは事実だ。しかし、イースト・フィンチリーの大通りに立っているると、デモ参加者の大群がプラカードを振りかざしたり座り込みをしたりするためにここまで来るとは考えにくかった。

二〇〇五年、二〇年以上続いていたマクドナルド対スティール・アンド・モリス訴訟の判決に対する上告についての裁定が言い渡された。スティールとモリスは国際NGOグリーンピースの活動家で、マクドナルドが熱帯雨林を破壊しており、動物を虐待し、労働者や子どもたちを搾取しているとするチラシをばらまいたのだ。それに対する名誉棄損訴訟と上訴の数々は、イギリスの裁判史に残る最長訴訟期間の記録を打ち立てた。マクドナルドは一応は勝訴したかもしれないが、これは十分に「マイナス効果広告」と言えるものだった。

それ以来、マクドナルドは明らかに大きく前進している。スターバックスやネスレのような企業がＮＧＯからの反対運動に対応して倫理的認証を受けた商品をラインナップに加えたように、マクドナルドも同じような姿勢をとるようになってきたのだ。過去四年間におこなわれた大幅なブランド再構築計画により、同社は店舗とメニューの両方を変革してきた。以前よりも「クール」で「グリーン」になったのだ、サラダつきで。

今では、英国マクドナルドの牛肉はすべて地元のイングランドやアイルランド農家から仕入れられており、卵はすべて放し飼い鶏のもの、シェイクに使う牛乳もオーガニックだ。さらに、コーヒーの製法も変更した。スターバックスやカフェ・ネロといった、小洒落たコーヒーショップチェーンと同じようなラテやカプチーノを提供できるようにしたのだ。

「当社では新しいことをはじめるまでには多少時間がかかるかもしれませんが、実際に動き出すとなると、一〇〇パーセント全力投球することが多いですね」とディーン。「昔はフィルターコーヒーしか提供していませんでした。品質にはむらがあり、甘ったるくて苦かった」と言いながら苦笑する。マクドナルドで働く人間なら経験済み、といったところだろう。だが、コーヒーの品質を改善するために多大な努力が費やされた。同じ頃の二〇〇五年、マクドナルドは仕入れ先のひとつであるクラフトフーズと、すべてのコーヒーをより倫理的な生産者から購入する契約を結んだ。

二〇〇七年時点には、マクドナルドの店舗で販売されていたコーヒーはすべて、レインフォレスト・アライアンスというNGOが認定した南米の農家から仕入れたものだった。これは、大きな転換だ。

緑色の小さなアマガエルをロゴマークに掲げるレインフォレスト・アライアンスは、一九八〇年代後半に設立されたNGOだ。ニューヨークに本部を置き、農家や大規模多国籍企業、小規模な農業協同組合などを相手に活動している。

名前が示すとおり、熱帯雨林と自然環境の持続可能性に焦点を当てる団体だ。レインフォレスト・アライアンスの収益のほとんどは寄付によるもので、最大の寄付者としてビル&メリンダ・ゲイツ財団の名が記されている。

林業、農業、観光業の持続可能性を目的としたいくつものプロジェクトを実施しているが、そのひとつが「スマートウッド」と呼ばれる林業分野の持続可能性プロジェクトで、環境的にも社会的にも責任のある林業を奨励している。業界でもトップクラスの計画だとして、特にグリーンピースがこれを称賛している。「真の意味で複数のステークホルダーのバランスに配慮した唯一の計画であり、その基準の中で先住民族の『インフォームド・コンセント（事前説明）』を必須とする唯一の計画である」（グリーンピース、二〇〇八年）

これが何を意味するかというと、今マクドナルドでコーヒーを買うと、ヨーロッパ全土で毎日百万杯売られているどのコーヒーでも、倫理的に認証された生産者から仕入れたコーヒー豆でできているということだ。マクドナルドのコーヒーが入っている発泡スチロールのカップに印刷された金色のアーチの脇には、レインフォレスト・アライアンスのロゴも印刷されている。「以前は、スターバックスのカップを持って街を歩いていると、それだけであなたがどういう人かを表していたものです」とディーンは言う。そこで、マクドナルドのカップを持ち歩いていても同じことが表せるようにしたい、というのがマクドナルドの狙いだ。倫理的なコーヒーを飲むような人だと周りに思わせられるようにしたいのだ。

これは賢い動きだ。スティールとモリスがマクドナルドを訴えたとき、マクドナルドに浴びせられた主な非難のひとつは、安価な牛肉を生産するために無責任な熱帯雨林の破壊を助長しているというものだった。それを拭い去るのに、ヨーロッパ中のマクドナルドで売られるすべてのコーヒーカップにレインフォレスト・アライアンスの倫理的認証マークをつける以上にうってつけの方法があるだろうか？　マクドナルドが過去と決別して今ではＣＳＲに真剣に取り組んでいることを示すこれ以上いい方法があるだろうか？ 巧みなマーケティング手法だ。「そりゃ、頭の悪いマーケティングはしたくないですからね」とディーンは微笑んだ。

しかし、なぜレインフォレスト・アライアンスなのだろう？ なぜ、たとえば、フェアトレード財団ではないのか？

ディーンは、フェアトレード財団とレインフォレスト・アライアンスとの機能的な違いは、ほとんどの消費者にとっては関係ないと考えている。実際、マクドナルドの客は、自分たちの代わりにマクドナルドが環境改善活動を実行し、どちらの団体がいいのかを調べてくれるだろうと信頼して任せているのだ。

実は、レインフォレスト・アライアンスは、三つの手段でほぼ均等に収益を挙げている。ＵＳＡＩＤ（米国国際開発庁）経由で付与される政府の補助金、民間財団からの認証費用や寄付金（ビル・ゲイツからの寄付金がこれにあたる）、そして企業の助成金だ。

さらにディーンは、コーヒーなどの最低価格を定めていないレインフォレスト・アライアンスのほうが、より市場主導型のシステムだと考えている。だからこそ、フェアトレード財団よりも好ましい選択肢だと言えるのだ。この戦略は確実に成功している。この変革以降、マクドナルドのコーヒーの売上は二五パーセント伸びたのだ。

だがこの変革には、避けて通れない陰の部分もある。たしかにマクドナルドは、コーヒーの価格に加えて割増金《プレミアム》を支払うことを約束している。この割増金は、たとえばマクドナルドが破壊していると非難された熱帯雨林の一部を修復するような、社会的責任プロジェクトに使われるものだ。

だがレインフォレスト・アライアンスは最低価格を保証していないため、世界のコーヒー市場価格が急落してもマクドナルドは損をするわけではない。このモデルでは、コーヒーの価格が下落したら生産者に支払う価格も下落する。生産者を守るための底値がないのだ。

ディーンと話していて、頭の片隅にずっと引っかかっていることがもう一つあった。

倫理的な貿易というのはたしかに、一大事業になりつつある。大企業がこうした新しい倫理的な理想を取り入れる理由についてどれだけ誠実に考えていようとも、彼らがそれを競争優位をもたらしてくれるものとして見ていることは間違いない。

アメリカのレッド・ロブスター社は、その店舗のテーブルに置いているすべてのメニューに倫理的実績を堂々と記し、もっと多くの固定客を獲得しようと狙っている。マクドナルドはカップの側面にレインフォレスト・アライアンスのロゴを並べることでコーヒーの売上を二五パーセント上昇させた。だれが彼らを責められるだろう?

だがミスキートの海岸での経験から、私は全容が第一印象ほど美しいものではないことを知っている。今聞かされている明るい話のすべてが本当に全部つじつまの合う話なのかどうか、疑問を覚えずにはいられない。それに、倫理的貿易それ自体が一大産業になったとき、何かが失われるのではないかとも思わずにはいられない。

消費者は怠け者？

倫理的貿易運動に携わっている、ロンドンに本社を置く業界トップの広告代理店を訪問して、私の懸念はさらに深まった。

ワイデン・アンド・ケネディのオフィスは、私が働きたいと思うような環境だった。一瞬、ゲームセンターか、でなければ自転車店に入ってしまったのかと思った。受付の壁に沿って、自転車が少なくとも三〇台はずらりと並んでスタンドに入っていたからだ。部屋の反対側にはバスケットボールのゴールがあって、階段を下りていくとピンボールマシン、さらにはダーツ盤まである。こんなオフィスで働いたことは一度もない。

もちろん、こんなオフィスだったら真面目に仕事などしなかっただろうが、ともかく広告業界で働いたことは一度もない。ワイデン・アンド・ケネディは最近フェアトレード財団の依頼を受け、財団の広告戦略を取りまとめることになった。一流代理店を選ぶこと自体、フェアトレード財団がブランディングについてとても真剣に考えていることの表れだ。

ワイデン・アンド・ケネディは、世界でもっとも受賞歴の多い広告代理店のひとつだ。広告業界週刊誌『アドウィーク』では二〇〇七年の「グローバル・エージェンシー・オブ・ザ・イヤー（その年を代表する広告代理店）」に選ばれ、ニューヨークだけでなくロンドン、東京、上海にもオフィスを構えている。間違いなく世界でもっともクールな広告代理店のひとつで、オフィスのゲームセンター感覚がそれを裏づけている。社名を見てもそれがわかる。表記は「Wieden+Kennedy」なのだ、「Wieden & Kennedy」ではなく。

会社のパンフレットには、彼らが「良質な企業とその顧客との間に、強力で刺激的な関係」を生み出すとある。ここでいう「良質な企業」の中には『ガーディアン』紙、イギリスのNGOセーブ・ザ・チルドレン、コカ・コーラなどが含まれ、ナイキのあの有名なキャッチフレーズ「Just Do It.」も、ワイデン・アンド・ケネディが考えたものだ。

ワイデン・アンド・ケネディは、彼らも最近特に関心を寄せている分野――倫理的消費主義――に関する本を私が書いていると聞き、私の「視点」について聞きたいと招待してくれた。私も彼らの視点に関心があった。特に、倫理的消費主義というメッセージをより多くの人々にどうやって伝えていこうと考えているのかについて。この二〇年ほどで多くの倫理的ブランドが草の根活動家を引きつけることに成功しており、彼ら自身がおこなった調査でも、消費者の七五パーセントが今ではそうしたブランドのロゴを見て知っているとのことだ。

だが、認知度と実際にその商品を購入するよう仕向けることとは、まったく別の問題だ。たとえば、イギリスのフェアトレード財団は、二〇一二年までにコーヒー、チョコレート、紅茶で市場シェアの半分を占めるくらい売上を伸ばしたいと真剣に考えている。となるとかなりの努力が必要だ。割合的には世界で群を抜いて最大のフェアトレード市場と言えるイギリス国内において、二〇〇九年時点で「フェアトレード」のマークがついているコーヒーはすべてのコーヒー商品のまだたった五パーセントにしか過ぎないのだから。

ワイデン・アンド・ケネディ側からは四人が私に会ってくれたが、だれ一人としてスーツを着ていなかった。ソフィーとエマは、フェアトレード財団の担当責任者だ。ソフィーは若い女性で、おそらくまだ二〇代。エマのほうが少し年長で、彼女のほうが上司なのだろうと私が思ったのはたぶんそのせいだが、確信はもてない。オフィスの隅にゲームが置いてあるような所では、私の職場で通用する「年長者が責任者」という原則が当てはまるかどうかわからない。残る二人、ダンとレイは、「クリエイター」だ。この二人がどっちも責任者でないのは確実だ。クリエイティブでいることが彼らの仕事なのだから、責任者という肩書はその妨げになってしまうだろう。

今のところ、フェアトレード財団はイギリス国内の学校や大学、市町村などでも「友の会」をつくるといった草の根活動を通じて認知度を高めることにかなり成功している。会員は環境活動家並みの働きをして、ブランド認知度を高めるための活動やイベントを企画する。

　これまで、フェアトレード財団は広告の必要性をあまり感じてこなかったが、必要となる場合には、特にある一点に注力するようにしてきた。それは「女性雑誌」、すなわち、ダンが「（安売りスーパー『アズダ』で買い物する）アズダ主婦」と呼ぶところの主要ターゲット層が読む雑誌だ。主婦は家庭の主たる意志決定者であり、毎週の買い物かごに何を入れるか入れないかを決める人々だ。ワイデン・アンド・ケネディの戦略は、この層をいかに取り込むかにかかっている。


　話しはじめてすぐに、より根深い重要問題についてダンがほとんど何も理解していないことがわかった。

　たとえば、商品価格という、ごく基本的な経済原理を取り上げてみよう。世界のコーヒー価格はなぜ変動するのか？　第三世界の農家が生産物によって得る対価が生産コストよりも低いことを懸念するダンによれば、その原因は大方の場合、スーパーが実施する「一個買うともう一個おまけ」という販売促進方法にあるとのことだ。ダンは、特売価格を実現するために流通業者や卸売業者が値引きの負担を生産者に押しつけ、そのせいで生産者は不公正な価格で生産物を売らなければならないという。

つまり、われわれが消費者としてもっと安い値段をスーパーに要求するから、第三世界の農家が生産コストよりも低い対価で生産物を売らざるを得ないというわけだ。ダンは最近フェアトレード財団の招きでカリブ海のウィンドワード諸島を訪れており、そこでそのように説明を受けたそうだ。

その説明には説得力があるかもしれないが、まるっきり間違っている。コーヒーや砂糖のような食品の価格は、国際市場で決定される。本書の執筆時現在、国際市場における砂糖の価格は史上最高値の一ポンドあたり二三セントだった。これは個々の業者がそれぞれに価格を交渉しているからではなく、インドで異常気象のためにサトウキビの収穫が激減したからだ。インドはサトウキビの主要生産国なので、結果として砂糖が世界的に不足する事態となった。

需要が多いままなのに供給が少なくなれば、市場はバランスを取るために価格を引き上げる。来週、ベーシングストーク市のアズダがネスカフェ一瓶の値段で二瓶を提供したとしても、それは卵の価格に何も影響しないのと同じくらい、コーヒーの価格にも影響しない。

はっきりしているのは、ダンが取り込もうと努力している「アズダ主婦」たちにとって、こうした細かい経済的な議論はどうでもいいということだ。フェアトレード財団が売っているのは、理想だ。どんちゃん騒ぎの翌朝に家の中を片づけるのにも似たある種の贖罪を提供してくれる、罪悪感を覚えずに済む商品を売っているのだ。

それにもちろん、ダンのために公平を期して言うなら、彼は広告代理店のクリエイターであって経済学者ではない。倫理的なコーヒーやバナナや砂糖の広告を考える際、彼はポジティブな面に焦点を当てる。笑顔の農家、村につくられた新しい校舎や井戸。そしてそうした倫理的消費にかかわることで得られる、いい気分になれる要素。ダンが根深い問題について理解する必要は、まず間違いなくないだろう。

ダンに言わせれば、消費者は怠け者だそうだ。お気に入りのブランドにあまりに慣れてしまったため、ちょっとは倫理性について気にかけていても、本心はそれを諦めたくないのだ。「乗り換えるのが嫌なだけなんだよ」とダン。「単純に『私の紅茶が一番いい紅茶よ』とか『俺のコーヒーが最高のコーヒーなんだ』とか思ってて、キャドバリーとかネスレみたいな大手の名前をもう知ってるから、品質に妥協しなきゃいけないって思いたくないんだ」

つまり消費者はもっと倫理的になりたい、貧しい農家をもっと支援したいと思っているが、「劣っている」、または知名度の低い商品に乗り換えなければならないのなら嫌だということだ。大手企業にとっては、答えは簡単だ。今までつくってきたものをつくり続けつつ、安心できる倫理的認証のロゴを商品につけられるなら異論はない。

私がマクドナルドで感じた危険信号がまたちらつく。

一方では、正しいことをしたいと思う消費者がいる。だがその消費者は何が正しいことなのかを調べる時間も意志もなく、大企業が自分の代わりに責任をもってそれをやってくれるだろうと考えている。もう一方では、倫理的な商品が売れるとわかっている企業がいて、商品に「倫理的に正しい」ロゴをつけるために列をつくって並んでいる。そして、そのロゴの背後には、普通の企業ならみんなそうするように、「ブランド」を構築しようと待ち構えている組織がいる。だが、そうやって巧妙につくられたメッセージがどうにもつじつまの合わないものだったら、どうだろう?

まるでカルト教団

その疑念を裏づけるには、わが故郷への里帰りが必要だった。毎日通学に使っていた一一番バスは、ボーンヴィルの大きな丘をえっちらおっちら登ってキャドバリーのチョコレート工場の前を通過し、正面の小さいながらも整備の行き届いたクリケット場の脇で停車する。二〇年後の今、私は新たにフェアトレード認証を受けたキャドバリーのデイリーミルクチョコの発売開始イベントに立ち会うため、そのクリケット場を横切っていた。

二〇〇九年三月、キャドバリーは自社のチョコの中では一番の売れ筋である看板商品、デイリーミルクチョコの原料の仕入れ方法を変えるという決断をした。つまり、子どものランチボックスに入れられ、街角の商店に並び、スーパーで売られるどのデイリーミルクチョコも、倫理的に仕入れたカカオと砂糖でつくられることになる。

これは、イギリスの消費者にとっては一大事だ。イギリス国内のデイリーミルクチョコの販売数は、年間三億枚にも上るのだ。国内でデイリーミルクチョコを売っていない店など思いつかない。そして今度は、あの小さな青と緑のフェアトレードラベルがついたチョコが、国内三万軒もの店の棚に並ぶのだ。

現在、キャドバリーのデイリーミルクチョコ用のカカオはすべて、ガーナから仕入れられている。奴隷制度に反対するため、一〇〇年前にガーナに生産を切り替えたのだ。一八九三年にここボーンヴィルに工場を建てたキャドバリー兄弟は、西アフリカのカカオ農場における強制労働への反対運動に大きな役割を果たした。コートジボワールの供給業者が、奴隷を使わない農場からカカオを仕入れることを保証できないと言うと、兄弟は奴隷制度のない隣国ガーナに生産を移し、以来ずっとそのままだ。

今、キャドバリーは、企業の社会的責任の先駆けともいえるその行為を財産として誇りに思っている。そして、今日、工場の全員が浮かべている笑みを見る限り、これから発表される内容に関しても同様に誇らしく思っていることはまず間違いないだろう。

トレヴァー・ボンドは、このときの英国キャドバリーの社長だ。寄せ集めの雇われ経済記者たちが詰めかけたボーンヴィルの役員会議室で、記者発表を取り仕切っている。その場を盛り上げているのは「ＦＡＢ」と白抜きでプリントされた黒いＴシャツを着た活動家たちの一団だ。最初はそれが安っぽいファッション哲学か何かだと思っていたのだが、「フェアトレード・アソシエーション・オブ・バーミンガム（ＦＡＢ）」を表していることに途中で気づいた。彼らは、トレヴァーが入念に予行演習をした発表をおこなっているのを、誇らしげな満面の笑みで見守っていた。

トレヴァーは、この不景気の時代に「いいニュース」がある、と全員に告げた。今日は歴史的な日であり、自分はキャドバリー兄弟の倫理的な足跡をたどっており、自身と会社が現在やっていることを兄弟が誇らしく思うことは間違いない、と。

経済記者たちは経済記者であるがゆえに、フェアトレードへの移行がコストにどのような影響を与え、それによって利益率にどのような影響が出るのかという点に質問を集中させた。キャドバリーがフェアトレードに取り組むことによって生じるコスト増に対する、株主の反応は？

トレヴァーは、自信に満ち溢れた社長らしいとっておきの声で、今回の移行が同社の利益率に影響することはない、なぜならこれはテレビＣＭやマーケティングと同じように、事業計画に組み込まれた長期的投資だからだ、と説明した。フェアトレードへの移行は、事業としてのキャドバリーの将来に対する投資なのだ、とも。

キャドバリーが懸念しているのは、ガーナのカカオ産業が危機に瀕しているということだ。次世代の若いガーナ人たちが両親の跡を継いでカカオ農家をやろうとしないのだ。ガーナの子どもたちは、それよりも都会に出て、もっと実入りのいい仕事がしたいと願っている。昨年、キャドバリーはガーナで独自に調査を実施した。

一二五人の生徒に将来農業をやるかと聞いたところ、やると答えたのは三人しかいなかった。キャドバリーの前グローバル・コーポレート・アフェアーズ担当ディレクターのアレックス・コールによれば、他の子どもたちは質問を笑い飛ばしただけだったそうだ。だからこそキャドバリーはこうした対策を講じてガーナ人農家の将来に投資しているのだ、とアレックスは言う。そうでもしなければ、ガーナからカカオ農家が消えてしまうという現実的な恐怖があり（ここでアレックスは言葉を切った。きっと次のセリフを言いたくてたまらなかったに違いない）、「豆がなければチョコもつくれないんですよ」

デイリーミルクチョコは、基本的に三つの原料からつくられる。カカオ、砂糖、牛乳だ。キャドバリーが結んだ契約は、最初の二つの原料を「フェアトレードの原則に則って」仕入れることだ。カカオの場合、それはカカオ一トンあたり一六〇〇ドルというフェアトレードの最低価格を守り、それに加えて一トンあたり一五〇ドルの「割増金《プレミアム》」を支払い、ガーナの農家がフェアトレード認証を受けるための費用を負担するということだ。

トレヴァーの発表は、会場に集結したFABの会員たちの熱狂的な歓声で迎えられた。目には涙を浮かべ、誇らしげに胸を張り……「すばらしい！」とだれかが叫んだ。

FABの一員が、アメリカのテレビの伝道番組に出てくる、信仰を新たにしたキリスト教徒のように打ち明けはじめた。五年前に初めてフェアトレードの光明を目のあたりにし、以来ずっとそれが彼女の情熱なのだという。私は急に、カルト教団の集会に紛れ込んでしまったかのような奇妙な感覚を覚えた。

すると、アレックス・コールが集まった群衆に向かって言った。「つまり、フェアトレードはイギリス中のすべての店の棚に並び、信じようが信じまいが、全国民がフェアトレードの消費者になるということです」

また別のFAB活動家が声高に証言をはじめた。「のんびりコーヒーを飲んだりチョコレートを食べたりしているだけで世界を変えられるなんてだれも思っていなかったけど、どうやらできるみたいだな」

ずいぶんと大きなことを言う。私の中の皮肉屋が、世界を変えるにはたぶん数億枚のフェアトレードのチョコを食べるよりはもう少し努力が必要だと思うぞ、と言っていた。

すると、英国フェアトレード財団の政策・情報担当責任者のバーバラ・クラウザーが私にとどめを刺した。「この変化が、カカオ農家にもう一度喜びを取り戻させることでしょう」

多少大げさだとしてもすばらしいことのように聞こえるが、ここでちょっと数字を見てみよう。国際ココア機関（ＩＣＣＯ）によると、二〇〇九年七月二〇日（キャドバリーが今回の計画を始動させた日）のカカオの価格は一トンあたり二九三九ドルだ。かたや、フェアトレードが保証するカカオの最低価格は一トンあたり一六〇〇ドルで、ＩＣＣＯの価格の半分ちょっとしかない。カカオの価格が半値近くまで落ちなければ保証は意味をもたず、平均的なガーナのカカオ農家が保証による恩恵を受けることもないのだ。

興味深いことに、キャドバリーは今回の取り組みについて目標日程を発表していない。つまりそういう状況が起こるかどうかは時が来てみないとわからないし、もっと言うなら、実際にその時が来たら本当に実行されるかどうかもわからないのだ。

認証にかかる費用はどうだろう？　小規模な協同組合でも最低一五〇〇ドルほどの費用がかかるが、これはキャドバリーが負担する。だから少なくとも、ガーナのカカオ農家は金がもっともらえるわけでもないのに余計な費用を払わされるなどということはない。もしその費用まで負担させたら、喜びを取り戻すどころの話ではないだろう。

では「割増金」はどうか。フェアトレード財団のウェブサイトでは、これについて次のように述べている。

フェアトレードの最低価格に加えて支払われる金額は、社会的、環境的、経済的発展のためのプロジェクトに投資される。プロジェクトの内容は、組織に所属する生産者または農園の従業員から成る委員会によって民主的に決定される。（フェアトレード財団、二〇〇九年）

割増金は、「共同体への投資」のために農家に付与されるものだ。それをどう使うかは彼らに任される。水の汲み上げポンプをつくるもよし、学校を建てるもよし、自分の農場を改善するもよしだ。

割増金という響きが、私の耳にはオックスファムやウォーターエイド、あるいは発展途上国で社会的改善を実施するための寄付金を募っている慈善団体と同じように心地よく聞こえる。それは一種の援助であり、だからこそ正しく使われれば人々の生活に膨大な変化をもたらすことができる。しかし皮肉屋はこう反論するだろう。それは援助であり、倫理的貿易ではないと。だが、人々の生活に直接プラスの貢献をするものに異を唱えるのは難しい。

キャドバリーは、キャドバリー・カカオ・パートナーシップという慈善プロジェクトを実施している。ガーナ、インド、インドネシアのカカオ生産地域で学校建設などの地域プロジェクトに投資するため、国連の協力のもと、一〇年以上で累計四五〇〇万ポンドが寄付された。

これは明らかに企業の社会的責任による利他的な行為で、純粋に持続可能なイニシアティブに見える。そしてキャドバリーは今後一〇年間もこの活動を続けていく。それと比べて、フェアトレードへの移行はどうだろう？

フェアトレードの最低保証価格が適用されるにはカカオの市場価格がかなり暴落しなければならないことを考えると、キャドバリーが今すでに払っている以上にガーナのカカオ農家に金を払うことになる状況は起こりにくい。今回の移行でキャドバリーが負担するのは、新しいデイリーミルクチョコに使われるフェアトレードのカカオ一万トンにかかる、一トンあたり一五〇ドルの割増金だ。

実は、カカオの価格はチョコの実際の値段にほとんど影響しない。一トンあたり一五〇ドル余計にかかるということは、一〇〇グラムあたり一・五セント。つまり三〇パーセントしかカカオを含まない四九グラムのデイリーミルクチョコ一本につき、割増金は一セントの四分の一でしかないのだ。

トレヴァーの「いいニュース」を明日の掲載に間に合わせるべく編集長に届けようと、部屋に集まった記者たちが手帳にメモを取っている光景を眺めていたら、フェアトレードへの移行がマーケティングや広告と同じような投資であると言った彼の言葉の意味がわかってきた。キャドバリーが年間四五〇万ポンドを負担してきたカカオ・パートナーシップについて聞いたことのある人はそう多くないが、フェアトレードへの取り組みについてはだれもが耳にすることになる。しかもそっちのほうがコストは著しく低いのだ。

本末転倒なチョコ

私は元をたどってフェアトレード運動の先駆者の一人、倫理的チョコレートの父であるクレイグ・サムズを訪ねることにした。クレイグはイギリスのチョコレート会社グリーン・アンド・ブラックスの共同創立者だ（同社は今ではキャドバリーが所有しており、そしてキャドバリーは食品企業大手クラフトフーズの子会社となっている）。

私たちはクレイグがケント市にもつタウンハウスの庭でお茶の時間に待ち合わせ、グリーン・アンド・ブラックスが初期の頃に下した決断の背景について話し合うことにした。「この商売をはじめたとき、チョコレートはまだ軟派なイメージだった」と彼は昔を思い起こした。「謎めいた男が寝室の窓から忍び込むとか、そういうたわごとだな」。あの《ミルクトレイ》チョコレートの広告が出てからずいぶん経つような気がするが、クレイグはよく覚えていた。クレイグは一九九一年にグリーン・アンド・ブラックスを設立し、その三年後に同社はイギリスで初めてフェアトレードラベルを冠したブランドとなった。

紅茶を一口飲み、クレイグは物憂げなネブラスカ訛りで続けた。「あの頃は、スーパーの仕入れ担当に会いに行って、カカオの実の現物を見せてやると『へえぇ』と言われたもんだ」。記憶をたどるにつれ、その目が大きく見開く。「カカオが熱帯雨林の木陰で木に実るってことすら知らなかったんだよ。もちろん、そこにぼろをまとった肌の色の黒い連中が大勢いて、必死で食いぶちを稼いでる現実があるなんて話はだれもしたがらなかった」

当然、今はまったく違う。今では、仕入れ担当のほうが世界中を飛び回って農家と直接会っている。「彼らはなんでも知っているよ」とクレイグ。「そして、それは透明性をもたせることに大きくつながった。原産地の表示は、チョコレートにとってものすごく重要な情報なんだ。消費者は、自分が買うものと自分が共感できるものとの間に、何かつながりがあってほしいと思うようになってきた」

クレイグは、グリーン・アンド・ブラックスが「ほとんど自動的に」フェアトレード認証を受けるに至った経緯を説明してくれた。小さなオーガニックチョコレート会社であったグリーン・アンド・ブラックスは、トーゴと、そして後にはベリーズの小規模農家と、しばしば型にはまらないやり方で関係を構築してきた。

「有機農法に切り替えるようベリーズの農家を説得するために、全行程を順に説明しなけりゃならなかった。要は五年間の自動継続契約を提示して、農家が契約を履行することで来年も有機カカオが手に入るように、最低保証価格もおまけにつけたんだ。これが、フェアトレード財団にとっては実におあつらえ向きだったというわけだ。別に、いいことしてるからってうちがキリストに出会って改心した罪人ってわけじゃなかったんだよ」

一九九一年当時、フェアトレード財団はまだ自社ブランドを立ち上げるために必要な認証対象商品を見つけていなかった。

「ちょうど紅茶メーカーのタイフーと契約を結びかけているところだったな」とクレイグは言った。だが残念なことに、その契約は最後の最後で白紙に戻ってしまった。

「そこへグリーン・アンド・ブラックスが出てきて、彼らは大喜びだったよ。特に、うちは当時のフェアトレードの基準を大きく上回っていたからな。唯一の欠点は、うちがまだちっぽけなチョコレート会社で、だれもうちの名前を聞いたことがないってことだった」

はじまりこそ小さかったが、これがフェアトレード財団の求めていたきわめて重要なスタート地点だった。クレイグも、フェアトレードの活動家との連携に利点を見出した。

「結局のところ、うちはマーケティングのためにフェアトレードをやったんだ。向こうは、膨大な数の支援者に向かって『スーパーにフェアトレード商品がありますよ。買ってください！』と言える現物が手に入った」。悲しげな笑みがクレイグの顔をよぎる。

「教区の牧師たちは説教壇の上から信徒たちに熱心に薦めた。礼拝のあとのお茶会では（グリーン・アンド・ブラックスの）《マヤ・ゴールド》印のチョコが配られた。おかげで強力な後押しをしてもらったし、向こうもうちに後押しされたよ。そしてその後、決裂した」

クレイグによれば、蜜月の終わりは複数の理由によるものだったという。「管理費が高すぎた。わけのわからない規則があった。最初は二パーセント、次は三パーセント、それから四パーセント要求してきた。まるっきり本末転倒だよ」

実際、卸売業者に課される手数料は、フェアトレード財団が毎年上げている収入の大部分を占める。卸売業者がブランド使用料として支払っている金額は、英国フェアトレード財団の収入源の九〇パーセントを占め、その約半分が認証プロセスの運営・監督にかかる管理費に消えていく。

では、残りの半額は農家の手元に届くのか？　答えはノーだ。残りは、フェアトレードのブランドを宣伝するための活動に使われる。

フェアトレード財団は、収益の半分近くを自社ブランドの宣伝広告に充てている。そして、数字を見る限り、その戦略で目標はかなり達成できていることがわかる。イギリスでのフェアトレードのマークがついた商品の売上は昨年、一〇億ポンド近くに上った。不景気でほとんどの小売業者が苦境に立たされていても、過去二年間のフェアトレード商品の売上は前年比二〇パーセント以上の伸びを続けているのだ。

英国フェアトレード財団は、イギリスでの知名度と市場シェアを向上させようという最重要戦略については率直に認めている。「私たちは地域の意識向上に投資しています」とフェアトレード財団のバーバラ・クラウザーは言う。「商品がどこからくるのか、そしてどうすれば変化をもたらせるかについて、消費者に考えてもらいたいのです」

フェアトレード財団は、発展途上国の農家を認証・監査するＦＬＯ－ＣＥＲＴという組織とは独立して機能している。英国フェアトレード財団の捉え方では、彼らの仕事はフェアトレードラベルを使う英国企業から金を取り、その金を宣伝に注ぎ込んでより多くの英国企業がフェアトレードラベルを使うように促すことだ。企業が登録すればするほど上出来というわけだ。だから、新たな消費者をフェアトレードラベルに引きつけようと努力すると同時に、消費者のお気に入りのブランド企業を登録させることで、フェアトレードラベルのほうからも消費者に近づいていこうというのが彼らの戦略だ。

クレイグは、フェアトレードのやり方に不満だったと語る。「二〇〇〇年頃に、《マヤ・ゴールド》からもう「フェアトレード」のマークを取ろうかとまで思った時期があったよ。だが草分け的な商品からあのマークをただ取るってことはできなかった。うちに大いに役立ってくれた物に対する解釈を変えるわけにはいかなかったからな。法王がカトリックをやめるみたいなもんだ」

彼の懸念の核心には、フェアトレードはこのままブランドを拡大していくと、必然的に小さな協同組合の外に目を向け、大規模農家から仕入れた原料でつくった商品をどんどん認証してしまうだろうという心配があった。「大規模農家はどこもエネルギーと炭素を無駄使いしていて、ヘクタールあたりの生産性でいえば非効率的だ。小規模農家なら一ヘクタールあたり、一番大きな工業規模農家の二七倍もの価値を生み出すことができる。大規模農家は、フェアトレード認証を受けていてもオーガニックではない可能性があるんだ」

バーバラ・クラウザーはクレイグの批判を受け入れたが、こうも指摘した。「クレイグは倫理的貿易の『オーガニック』な側面を優先しているんです」。フェアトレード財団は取り残された生産者を支援することのほうに関心をもっているのだ、と彼女は主張する。大規模農家と取引をするのが、フェアトレードの拡大を確実にする唯一の方法だったと言う。それによって、財団は大手小売業者が求める確実な通年の生産量を保証できるようになったのだと。

「ですから、たとえばセインズベリーズ［訳注：イギリスの大手スーパー］と取引するにあたって、必要な量を手に入れるためには大規模農家を相手にせざるを得なかったのです。小規模農家だけでは生産量が不十分なので」。言い換えれば、小規模農家を大手スーパーの取引に組み入れるには、大規模農家も組み入れて量を確保しなければならないということだ。

バーバラは、大規模農家の労働者を支援するほうがはるかに難しいということは認めた。

「対応するのが非常に難しい状況ではあります」

クレイグはフェアトレードのやり方に完全には満足していなかったかもしれないが、フェアトレード財団にしてみれば、グリーン・アンド・ブラックスを通じてようやく自分たちの地位を確立できたことがわかった。クレイグの会社が契約にサインすると、すぐに紅茶・コーヒーメーカーのクリッパー・ティーズとカフェディレクトが続いたのだ。クレイグは、こうした「有名な」オルタナティブ・トレード企業が仲間入りすることは間違いなく必要だったと見ている。「善玉がみんなサインしないことには、客はパッケージの『フェアトレード』マークを見ても、あんたこそ取り締まられるべき悪玉に違いないと思うだけだ。だが、カフェディレクトは善玉で、信頼できるというわけだ」。戦略は明快だった。まず善玉をみんな乗せれば、あとから他の連中を引きつけるのはずっと楽になる。

バーバラいわく、フェアトレード財団は現在イギリスの商品棚に常時四〇〇〇ものフェアトレード認証商品を並べており、世界中の二〇〇〇社と取引している。今では、目抜き通りのほとんどの大手ブランドは商品ラインナップの少なくともひとつに倫理的認証を受け、ラベルに表示している。最近では本当に「善玉」がそんなにたくさんいるのか、あるいは「善玉」とそうでない連中との区別がつけにくくなってきているのかのどちらかだ。

ラベルよりも「正しいこと」を

企業が単純に契約書にサインするだけではなく、実際に正しいことを行えば大きな変化を起こせるということは、デイヴィッド・キーパーとイアン・メレディスにグロスター郊外にある彼らの倉庫で会ったときに確信した。これは、フェアトレードに対する私の懸念のいくつかを裏づける訪問にもなった。

私が到着したとき、デイヴィッドとイアンは楽しそうにダーツをやっていた。「今、大事な会議の真っ最中なんだよ」と笑いながら、デイヴィッドが招き入れてくれた。エシカル・アディクションズは、「ものごとを正しくやるだけではなく、正しいことをやる！」というスローガンを掲げるイギリスの企業だ。デイヴィッドとイアンはそれぞれ、コーヒー豆《ビーン》にかけて「豆社長《チーフ・ビーン》」と「豆責任者《ヘッド・ビーン》」を務めている。

「僕たちの主な顧客はレストランやコーヒーショップ、それにホテルが何軒かと観光農園だ」とイアンが説明した。彼らの事業のカギは、顧客の顔も供給業者の顔も直接見えるという点にある。デイヴィッドとイアンはコーヒーの仲買いだけでなく、そのコーヒーをどこのだれがどのようにつくったのかについての情報も仲買いしているのだ。エシカル・アディクションズは設立からまだ四年だが、すでに二〇以上の単一産地のコーヒーをアフリカ、アジア、中南米から買い付け、販売している。彼らが取り扱うコーヒーの中には、キリマンジャロの山腹にあるオレラという小さな村で生産されているものも含まれる。
「アフリカで採れる他のどのコーヒーにも負けないよ」と言いながら、デイヴィッドは証拠とばかりにオレラのコーヒーを満たしたカップを私の前に置いた。「僕たちにとって重要なのは、正しいことをすることだ。正しいことをしているように見えるだけじゃなくてね。よくやったと背中を叩いてほしいわけじゃないし、フェアトレードラベルがほしいわけでもない。僕たちは事業を経営したいんだ。それはつまり、利益を上げなければいけないということだ。村だって同じだ。取引が持続的なものであるためには、末端まで採算が取れるようでなきゃいけない。それが持続可能性の全体像だよ、ラベルじゃなくてね」

タンザニアのコーヒーに設定されているフェアトレードの最低価格は、一キロあたり二・八一ドル。フェアトレード財団に登録しているコーヒー農家の協同組合が、フェアトレードラベルを貼ってコーヒーを売るときの値段だ。だが、これは、オレラの農家が手にしていた価格ではない。彼らが受け取っていたのはこの半額以下、一キロあたりわずか一・三八ドルで、他の近隣の村では一ドル未満というところもある。

イアンは、協同組合に入る金の大半が管理費に取られており、その中には協同組合の長に支払う人件費も含まれていることに気づいた。「協同組合に入る一〇〇ドルにつき、多いときには三〇ドルから四〇ドルもが長老の懐に入ることもあるんだ」

イアンとデイヴィッドは、オレラの村人に直接取引をもちかけることにした。イアンは、一キロにつき四ドル（品質を改善するため、豆挽き代としてここから一キロあたり八六セント引かれる）は出せると計算した。フェアトレードの満額よりはるかに高く、当時の市場価格を上回る額だ。

だが、村人たちは理解できなかった。「完全に誤解されてしまったよ」とイアンは笑う。「僕たちが一袋だけその値段で買うと思ってたんだ。それでも十分満足してたけどね。だから、一袋だけじゃなくて全部だって説明しなくちゃならなかった。村にある全部の豆を一キロあたり四ドルで買うんだって」。それに対する反応は？「みんな、黙りこくってただ座ってた。完全に沈黙して僕たちを見つめてたよ。呆然として何も言えなかったんだ」

デイヴィッドとイアンは、もっと低い値段を提示して巨大な利益を上げることも可能だったが、それは自分たちのビジネスモデルには合わないと考えた。短期間で最大の利益を上げようと思ったら、村人をだまして現金を着服することだってできたが、デイヴィッドとイアンの見方は違っていた。彼らにとっては、村が良質なコーヒーの長期的な供給者となり、自分たちのブランドに合うようになることを後押しするほうが重要だった。

デイヴィッドとイアンが成功すれば、大企業に対する教訓となれるかもしれない。長期的視点をもつことでのみ、本当に持続可能な供給源を開発することができるのだ。

デイヴィッドとイアンは、フェアトレードの最低価格を上回る額でコーヒーを買っているので、理論上はオレラのコーヒーを売るときにフェアトレードラベルをパッケージにつけてもいいことになる。だが、それをするためには、コーヒーの価格の二・四パーセントをフェアトレード財団に支払う必要がある。「どうしてあっちに金を払わなきゃいけないんだ?」とイアン。「その金がこれっぽっちも農家に渡るわけじゃないのに」

ここに問題がある。スーパーへコーヒーを買いにいくと、フェアトレード認証を受けた村から仕入れた、「フェアトレード」のラベルつきのタンザニア産コーヒーがあったとしよう。そしてその隣にはデイヴィッドとイアンのオレラ産コーヒーがあって、それには倫理的であることを示すラベルがついていない。もし私が何も知らなければ、フェアトレードのコーヒーのほうが、常に農家に利するものだと簡単に信じるだろう。

だがオレラの例を見れば、事実が必ずしもそのとおりではないことがわかる。一次協同組合の「キリマンジャロ・ネイティブ・コオペラティブ・ユニオン(KNCU)」が多額の間接費を消費している。村人の手に入る実際の金額は、認証を受けていないデイヴィッドとイアンに直接売ることで得られる額の半額にしかならないのだ。

もちろん、倫理的認証団体が個別にすべての村を認証してまわるのは現実的ではない。協同組合を相手にすることが、このようなシステムを運営していける唯一の現実的な方法だ。だが、それは理想的な方法ではない。

デイヴィッドは、コーヒー事業がどのように運営されているかについて、巷では間違った情報がかなり出回っていると言う。それが、消費者の判断を左右することもあるのだ。たとえば、フェアトレード財団のウェブサイトを見ると、このような主張が掲載されている。

> コーヒーの価格は、二〇〇〇年以来記録的な低迷に苦しんでいます。コーヒー豆の生産費よりもはるかに低く、世界中のコーヒー農家を危機に陥れています。（フェアトレード財団、二〇一〇年）

ニューヨーク市場におけるコーヒーの国際価格は、実は二〇〇二年以来着実に上昇し続けている。タンザニアで生産されているマイルド・アラビカ豆が二〇〇二年の一キロあたり一・三二ドルから、私がタンザニアを訪れていた二〇一〇年には一キロあたり三・三八ドルまで上がっていた。執筆時の二〇一一年一月現在、ニューヨークでのマイルド・アラビカ豆の価格は驚きの一キロあたり五・七三ドルを記録している。世界のコーヒー価格に「記録的」なことがあるとすれば、それは記録的な高値だということだ。

フェアトレードの最低価格はその半額以下で、一キロあたり二・八一ドルにしか過ぎない。

二〇〇八年後半にリーマン・ブラザーズの破綻によって引き起こされた世界的な金融危機で、あらゆる日用品が一時的に暴落した三カ月間を除き、この最低価格はもう五年近く、まったく必要とされてこなかった。

このことを指摘すると、フェアトレード財団はそれを認めた。コーヒー価格は実際にこの一三年で最高の値をつけており、ウェブサイトは適宜更新することを「検討する」と。ウェブサイトの記述は、二〇〇三年から二〇〇四年に実施された古い調査を基にしているのだそうだ。

古い統計はさておき、ここにはひょっとしたら、重要なポイントがあるのかもしれない。コーヒーと同様、カカオや砂糖や紅茶などの日用品の価格はすべて記録的高値をつけており、フェアトレード財団が設定している最低価格はどれも、現在の市場価格を大幅に下回っている。これは過去五年間ほぼずっと変わらずにいるが、その時期がまさに、キャドバリーやネスレといった大手企業がイニシアティブに参入した時期と重なるのだ。言い換えれば、大手企業にとってはこれほどフェアトレードに楽に参加できた時期は他になかったということだ。何しろ、実際の価格のほうがフェアトレードの最低価格よりもはるかに高いのだから。

消費者は、企業が市場価格よりも高い値段を支払うために参加していると思っているかもしれない。だが、現在の価格を見る限り、そうではないのだ。

もう一つ、考慮すべき要素がある。フェアトレード財団は、イニシアティブを公式に順守し続けることを企業に求めてはいない。どの企業も、事前の通知なしにフェアトレードラベルを商品から外していいのだ。バーバラ・クラウザーは、キャドバリーも、商品に現在フェアトレードラベルをつけている他のどの企業も、長期的に継続する契約には署名していないと言う。「『何年間登録し続けてください』とただ言うわけにはいきません」とバーバラ。だから今のところは、長期的関係を構築することの「重要性を強調する」べく努力することしかできない。一方トレヴァーは、キャドバリーは短期的に参加しているのではないと言う。「われわれはこの取り組みに長期的にかかわっていくのだということを、信じていただきたい」

とはいえ、ここで投げかけなければならない質問は、もし、いつか状況が難しくなったら、もし日用品の価格がまた下落しはじめて、フェアトレードの最低保証価格が機能しはじめたら、どうなるかということだ。

そのときは、倫理的認証ロゴをつけておくためにもっと多くのコストがかかるようになり、利益にも株主にも影響が出る。キャドバリーのような企業が誓約を撤回するかもしれないなどと示唆しているわけではまったくないが、実際にそういう状況になったら何が起こるかについては、疑問を抱いてしかるべきだと思う。

本当の役割が見えない

倫理的認証というアイディアは、コーヒーの市場価格が低く、組織が少数の農家と彼らの生活を保障できた頃に生まれたものだ。

だが、そうした保障をしてくれない何百もの大手多国籍企業を相手にしていて、現実的に保障などできるのだろうか？　そして、そうした大手企業が、たとえばデイヴィッドとイアンがエシカル・アディクションズの顧客に提供しているのと同じような方法で自ら保障を提供しないのはなぜなのだろう？

企業が開発と持続性にもっと大きな役割を果たせるかどうかという議論の活発化にフェアトレード財団が与えた影響はすばらしいものだし、称賛に値する。彼らは倫理的認証運動の旗手となったし、バーミンガムで見たように、草の根と大手企業の役員会レベルの両方で問題意識の向上に貢献してきた。だがそのどこかで、倫理的認証の存在が実際には顧客とブランドを切り離すことになってしまっているのではないかと、どうしても感じてしまう。

キャドバリーがガーナのカカオ農家を支援するために何百万ポンドの規模の持続的イニシアティブを実行していて（今も実行し続けていて）、それもフェアトレードに参加するずっと前からそうしていたのだということを思い出してほしい。キャドバリーの顧客としての私からすると、キャドバリー・カカオ・パートナーシップへの毎年の投資は、外部の認証団体が付与するロゴや認証よりもはるかに重要だ。それでも、キャドバリーは外部の認証団体と協力したほうが、自社のメッセージを顧客によりよく伝えられると判断したのだろう。そしてその判断が生み出した膨大なプラスの宣伝効果を見る限り、彼らが正しかったのだと結論づけるしかない。ただ、どれほど崇高な意志をもっているにせよ、キャドバリーがもうちょっとデイヴィッドとイアンのようだったらいいのに、と願わずにはいられない。

ここまでは、かなり長い倫理的認証の歴史があるコーヒーやチョコレートといった食品に着目してきた。だが、この分野における調査結果は思っていたほど私を安心させてはくれず、むしろ他の種類の貿易や、倫理的認証がない他の貿易はどうなのだろうと考え込ませる結果になった。これまでの倫理的認証事業の推進力の大半は、食料や衣服などの定番商品に注がれてきた。たぶん、私が思うに、だれが見ても世界でもっとも貧しい国々（アフリカ、南米、一部のアジアなど）からそうした商品が来ていることが多いからだろう。そうした国では農家や労働者は最低限の収入で暮らしていて、国際貿易の冷酷な一面からの庇護を切実に必要としているからだ。

しかし、もっと高機能な工業製品の場合はどうだろう？　実際、世界貿易はそっちのほうがはるかに高い割合を占めているのだ。パソコンやｉＰｏｄや新しいランニングシューズを買うとき私たちは、有名ブランドのメーカーは製造において倫理的な配慮をきちんとしていると、自信をもって言えるだろうか？　当然、そうした業種についても見ていかなければならないだろう。

「設計――カリフォルニア、組み立て――中国」

3

陶器《チャイナ》ショップに迷い込んだ暴れ牛

中国・珠江《しゅこう》デルタ

中国
首　都：北京
人　口：13億人
通　貨：元［1元＝16.27円］
主要産業：繊維工業、食品製造業、化学工業、非金属鉱業
太平洋
インド洋

あらがう「機械人形」たち

「あいつらがあそこの建物から飛び降りた理由なんて、だれにわかる？　感謝してるとは言わないけど、たしかに給料は増えたよ」

ここは、中国南部の工業中心地である深圳《シンセン》の郊外。勤め先の工場から少し離れた路上でコンクリートの車止めに腰掛け、ズーは話しながらゆっくりとタバコの煙を吸い込んだ。彼の視線は落ち着くことがほとんどなく、列をなして背後を通り過ぎていく人々の顔と私の顔の間をせわしなく動いていた。私たちは、携帯電話や偽ブランドのTシャツを売っている露店から離れて、落ち着いて話せる静かな場所へと移動してきていた。寮へ戻る工員相手に一儲けしようとする露天商たちで、通りが即席の市場となってごった返していたからだ。

ズーは今日、昼のシフトで働いていた。つまり朝七時に始業し、午後五時に上がったということだ。明日もまた朝七時から仕事だ。とすると、次に出勤するまで一三時間ある。

私たちが座っている静かな場所は、次から次へと人が通るので居心地の悪いくらい混雑してきた。ズーが、別の場所へ移動しようと提案した。「ローラースケート、やるかい？」と聞く。「いや、あいにく」と私は答えた。彼は失望を隠すように頷いた。「わかった。それじゃ広場まで行こう。この時間なら、あそこで大勢たむろしてるからな」

流れゆく人ごみの中でズーを見失わないよう、ぴったり後ろについて歩く。彼の視線は相変わらず落ち着かず、すれ違う人の顔を常にうかがっていた。一度だけ立ち止まり、視界の隅に捉えた笑いさざめく少女たちのグループを振り向く。午後六時を過ぎて、あたりは暗くなってきていた。混み合う通りをさらに進んでいくと、屋台の明かりがチカチカとちらつきながら点灯しはじめ、カーニバルか音楽祭にでも来ているような気分になった。ズーの髪は中国の十代少年の間で流行りの尖ったスタイルにジェルで固められており、他の少年たちと同様、出勤時と同じジーンズと白いTシャツを着ている。少女たちも同じような服装だが、Tシャツは赤だ。どれも、勤務先である企業のロゴがプリントされている――Foxconn（フォックスコン）。

二〇一〇年春、フォックスコンは世界中で話題になった。一カ月のうちに、工場で働く一六人もの若い男女が飛び降り自殺をしたのだ。勤務時間中に工場の窓から飛び降りた者もいれば、寮に戻って寝室から飛び降りた者もいる。

この工場に来てみて真っ先に驚いたのは、工員たちの年齢だった。ほとんどが十代後半で、欧米の子どもなら大学に通ったりアルバイトをしたりしている年代だ。ウォルマートやテスコ［訳注：イギリス大手スーパー］で夏のアルバイトをしている少年少女が一カ月に一六人も飛び降り自殺をしたら、いったいどんな騒ぎになるだろう。欧米の消費者にはあまり知られていないかもしれないが、フォックスコンはアップル、ノキア、デル、HP、ソニー、マイクロソフト、任天堂をはじめ、多くの有名ブランド向けに商品を製造しているのだ。

現在、中国は世界各国に毎年一兆ドル相当の製品を輸出している。わずか八年間で、アメリカでの輸入額は三倍以上の三三七〇億ドルとなった。二〇〇八年にアメリカの税関を通過したすべての製品のうち、一六パーセント以上（石油を除けば二〇パーセント近く）を中国が製造していた。ウォルマートだけでも、中国製品を一八〇億ドル分も輸入している。この数字は、世界中のどの大規模工業国でも同じようなものだ。大量に製造される製品の大部分を構成しているのは、ズーのような工員が中国の工場でつくる機械類、衣類、電子機器だ。

にもかかわらず、アメリカやヨーロッパ、オーストラリア、さらにはアジアの消費者も、こうした製品をつくっている会社の名前を耳にする機会がない。製品には製造企業名が記されていないからだ。

中国は、自らを世界の製造業の組み立て拠点として位置づけている。二〇〇八年には、中国からの輸出品の半分以上が輸入部品でつくられた物だった。ほとんどの欧米ブランドの「仕事のやり方《モドゥス・オペランディ》」は、他の発展途上国で仕入れた材料を中国に運び、そこで中国人の工員によって加工させ、組み立てさせ、テストさせ、梱包させるというものだ。

最近の購入品が倫理的かどうかを判断したいと思う消費者にとって問題なのは、製品を製造している会社が販売している会社と同じではないという点だ。お手元のｉＰｈｏｎｅを裏返して、そこになんと書いてあるか見てほしい。「設計――カリフォルニア《Designed in California》、組み立て――中国《Assembled in China》」

アップルのロゴは消費者がどこのブランドを買っているかを明示するが、それがだれの手仕事で組み立てられたかに関してはなんのヒントもない。農家から直接売られたコーヒー豆やカカオ豆でさえ、欧米の会社がひとつ間に入るだけで出どころをたどるのが困難になる。携帯電話の倫理的透明性は、製造工程がさらにもう一段階あるだけになお不明瞭だ。

フォックスコンは、アップル、デル、マイクロソフトよりも多くの年間収益を上げている。世界中でもっともよく知られているいくつかのブランドの携帯電話やノートパソコンを製造するだけでなく、アップルが出した最新のマストアイテム、ｉＰａｄの独占的製造者でもあるからだ。その成功は、契約を勝ち取るために価格面で激しく競争できる同社の能力の賜物で、利益幅を見れば一目瞭然だ。アップルの利益幅が二七パーセントなのに対して、フォックスコンのそれはわずか四パーセント。サプライチェーンの利益の大半は、いまだに販売する欧米企業が稼いでいるというわけだ。

だからフォックスコンの利益は生産量を上げることで生み出される。一台あたり数セントしか利益が出ないというのはあまりうまい話に聞こえないが、何百万台もつくっていれば、塵《ちり》も積もるものだ。

アップルは、ヨーロッパとアメリカでの発売後二カ月だけで六〇〇〇万台ものｉＰａｄを売った。小売業者は在庫を売りつくし、客は次の入荷を待って列をつくった。すぐにもっと増産しなければならないという強烈なプレッシャーはフォックスコンだけでなくアップルにとっても同じだったので、そこで業者を替えるなどというのはあり得ない話だった。ｉＰａｄのような製品の契約を勝ち取ったフォックスコンは、アップルをがっちりとつかんだのだった。

これが、二一世紀における工業製品のサプライチェーンの形だ。中国が世界の工場となったのは、企業が自国で生産するとかかるコストのごく一部で製品をつくることができるからだ。外部委託は何も新しい方法ではない。売れるだけの安い労働力を有する発展途上国のほぼすべてが、それを喜んで買い占める欧米の顧客を見つけている。ただ中国の何が特別なのかといえば、提供できる労働力の規模と、その品質や信頼性にある。

ｉＰａｄのような電子機器の製造工程には、正確な組み立てと厳しいテストが求められる。いくつもの独特な手順を踏まなければならず、それは機械ではなく人の手でおこなわれる必要があるのだ。こうした半熟練の労働力に対する需要に応える必要性が、史上最大の民族大移動を誘発した。

過去三〇年間に中国国内では、一九世紀の一〇〇年間にヨーロッパからアメリカに移住した数の四倍にも上る人数が、荷物をまとめて移住したのだ。このような新たな出稼ぎ労働者の大半が、開発の進んでいない中国の地方から出てきている。中国ではこの現象を「出去《チュチィ》」、すなわち「外に出ていく」と呼んでおり、故郷の村を出て中国南部の工場で働き口を求める若い世代を指す。現在、中国国内には一億三〇〇〇万人の出稼ぎ労働者がいて、フォックスコンだけでも、一カ所の工場で常時四〇万人が働いている。工場はあまりにも広大で、敷地の片側から反対側まで移動するだけでも車で三〇分以上かかるほどだ。

フォックスコンで働く四〇万人の同僚たちと同じく、ズーも出稼ぎ労働者だ。彼の事情もまた、よく聞く話だ。中国の最貧省のひとつである河南省《かなん》の農家に生まれたズーは一六歳で工業学校を卒業し、地元には仕事がないことに気づき深圳に出てきて、フォックスコンで仕事にありついた。今は組み立てラインに配属され、ノートパソコンやｉＰａｄ、ｉＰｈｏｎｅを組み立てている。

良き中国人の息子ならだれもがするように、ズーも給料の一部を実家に仕送りしている。出稼ぎ労働者からの金の流れは、中国の地方の貧困を軽減する大きな原動力だ。さらに、伝統もこのシステムを支えている。中国では、息子が花嫁と一緒に住むための家を両親が建てるまで、若い男性は結婚することができない。ズーは、持参金も含めた結婚費用は四万元（約六五万円）はかかると見ていて、さらに自分が住む家の新築にも同じくらいかかるだろうと見積もっている。「そんな金、うちの農業だけじゃいつまで経ってもつくれっこないよ」。そう言って彼は肩をすくめた。

だから彼と三人の姉妹たちは全員「外へ出ていき」、このような工場で働いては毎週実家に仕送りしている。ズーが家名を守り、結婚できる日を待っているのだ。「実家が恋しいよ」とズーは言う。「もちろん、帰る日が楽しみだ。でもその前にもっといろいろ勉強して、何か違うことを経験したい」

今、ズーは工場で同じ作業を一日一万回くらい繰り返させられている。単純計算で、四秒に一回だ。利発な青年がそんな仕事を終えたあとでは当然かもしれないが、少し苛立ちを感じているようだ。反復的な仕事の内容にも、厳しい労働環境にも悩んでいるという。「作業中は私語が禁止だから、結構寂しいよ。金は大事だけど、もっとおもしろい仕事がしたい。うまくやれば、昇進できる。二年がんばれば、今の持ち場の監督になれるんだ」

ズーの同僚たちが自殺したあと、フォックスコンは月給を九〇〇元（約一万五〇〇〇円）から一二〇〇元（約二万円）に引き上げた。ズーが週末も働けば（たいてい働いているのだが）、月に二〇〇〇元（約三万三〇〇〇円）稼ぐことができる。昨年、ｉＰａｄを組み立てていたときは、毎週二五時間残業して月三〇〇ポンドも稼いでいた。中国の法定時間外労働は月三六時間だが、フォックスコンではそのくらいの残業が必須だった。当然、ズーはその時期とても疲れていたという。だが今は、もっと大きな変化が迫っていることのほうが気になるようだ。

「フォックスコンが来年、河南に移転するって噂が工場で流れてる。フォックスコンで働き続けたかったら、一緒に移らなきゃいけない。地元には近くなるけど、河南は給料があんまり高くないんだ」

フォックスコンはたしかに、近いうちに河南省への移転を予定していると発表した。自殺騒ぎの前、フォックスコンは深圳では月一一〇〇元（約一万八〇〇〇円）であるはずの法定最低賃金を無視していた。最近賃金が引き上げられたのは、自殺のあとにマスコミの目が厳しくなったからだ。

消費者が、フォックスコンで起こっていることに自分たちにもなんらかの形で間接的に責任があるのではないかと恐れはじめるにつれ、アップルやデルのような企業にも厳しい目が向けられるようになった。そして当然、そうした企業はフォックスコンにもしっかりとその恐れを認識させた。

法定最低賃金がたったの六〇〇元（約一万円）である河南省への移転には、法定最低賃金を順守することを消費者に約束できる上、人件費をうまくすれば半分近くまで切り下げられるという付加的な利点がある。アップルは、今回の移転によって「従業員が故郷の近くで働けるようになる」と述べている。

フォックスコンを使う大手電子機器メーカーにとって、給与の引き上げは重要な被害防止策だった。アップルやソニーのような大手国際企業がもっとも嫌がるのは、自殺騒ぎのあった工場と関連づけられて企業イメージを損なうことだからだ。

ソニーは、社会的責任を果たす企業としての評判を強めようと、中国で努力し続けている。二〇〇八年に四川省で地震があったときは災害救援基金を寄付し、地震で破壊された現地の学校に黒板や机を贈った。また、北京につくられたソニー・エクスプローラサイエンス博物館など、数々のCSR活動に携わっている。

ウェブサイトでは、この博物館について以下のように説明している。「小さな子どもから大人までを対象にした、教育的な遊び場」。コンセプトは、若者に「最新の電子技術を用いた実地体験を通じて科学の原理を探る」機会を与えることだ。ソニーは、「多くの最新機器が展示され、実際に試せるようになっている」と約束する。だが、ズーや同僚たちがたまの貴重な休日を潰してこの博物館を訪れるとは思えない。彼らはきっと、一生分の電子機器を見ているに違いないのだから。

フォックスコンの連続自殺に対する会社の反応について問われ、アップルのスティーブ・ジョブズはこう答えた。「自社が取引しているサプライチェーンの労働環境を理解することに関して、アップルは同じ業界だけでなく、どの業界のどの会社よりも最善を尽くしている」。そのとおりなのかもしれないが、アップルがどこよりも最善を尽くしていて、それでも組み立てラインの少年少女が一六人も自殺してしまうのだとしたら、他の会社ではどうなるのだろう？もちろん、すべての責任は中国当局にあると言うこともできる。自分の国のことを規制したり秩序を保ったりするのは、外国企業ではなく彼らの責任だからだ。もっと現実的な見方をすれば、その責任は分かち合うべきものなのかもしれない。

だがだれが悪いのかと議論している間にも、工場での問題はどんどん悪化していく。昇給は多少の助けにはなるかもしれないが一時的なものに過ぎず、中国の経済発展に生じた大きなヒビを紙でふさいでいるだけだ。

二〇年前、仕事を求めて都会へやってくる出稼ぎ労働者は教育を受けていない農家だったが、中国が意欲的な国策によって無料の義務教育を地方で推進した結果、その後の二〇年間で状況は大きく変わってきた。出稼ぎ労働者が仕事を求めて都会に押し寄せる状況は同じだが、地方の貧困層は以前より一、二年長く教育を受け、より高い能力を身につけ、より大きな野心を抱くようになっている。頭脳を必要としない反復的な作業さえこなせればいい「機械人形」を必要としている業界では、応えきれない野心だ。五〇ポンド入りの給料袋と引き換えに四秒に一回、一日一二時間、週七日間、まったくの無言で同じ作業を繰り返す仕事に就かされたズーのような聡明な若者たちが、しまいには希望を失っても不思議はない。

教育よりも「外に出る」

NGOは、中国ではやや数が少ない。出稼ぎ労働者の労働権向上を支援する数少ないNGOのひとつの代表を務めているのが、元経済ジャーナリストで現在は活動家のリュウ・カイミンだ。背が低く痩せ型で、短い髪は薄くなりかけている。片言の英語で、なぜそんな難しい仕事に取り組んでいるのか説明してくれた。

「出稼ぎ労働者が自分の国でひどい扱いを受けるのを見ているのがもう嫌になったんです。中国では、労働者の権利が尊重されるべきだ。その上につくられた国なんですから。でも今、中国の労働者よりも大手企業の利益のほうが優先されてしまっています」

一億三〇〇〇万人の中国人出稼ぎ労働者は、七億三七〇〇万の中国総労働人口の一部だ。彼らのほとんどが文書での契約など一切ないまま、多くが肉体労働の働き口を奪い合う。仕事の代償に与えられるのは、給与の口約束だけだ。

リュウが日々取り組んでいる仕事のひとつは、企業とトラブルになった出稼ぎ労働者の支援だ。法律で必須とされているにもかかわらず書面での契約を交わさず、その上に口約束さえも反故にするような企業が全体の三分の二も存在するのだ。残念ながら、契約書がないため、出稼ぎ労働者が補償を求めることはほとんど不可能となる。リュウが最近作成した報告書には八〇〇以上の工場から集めたデータが並べられ、出稼ぎ労働者の賃金と就業環境について記述している。

「多くの工場が、残業手当すら支払っていません。しかも」とリュウは皮肉をこめて笑った。「実は、賃金自体払っていないところも多いんですよ」。中国当局は、出稼ぎ労働者への未払い賃金が一二〇億ドルを超えると推定している。

工場主たちはコスト低減と同時に、欧米の買い手を満足させるために倫理基準も引き上げなければならないという非常に大きなプレッシャーと戦っている。中国企業が就業環境のいい「表向き」の工場を一カ所だけもっておいて、他方で就業環境が基準を満たさず、残業時間も日常的に違法なレベルまで強制するいくつもの「裏」工場を運営している実態を、リュウはこれまでに何度も暴いてきた。「欧米企業が査察にやってくると、工場主は『表向き』の工場を見せて彼らを満足させ、他の工場は見られないよう陰に隠しています。だからあんなにコストを低く抑えられるんですよ」

欧米の感覚だと、中国の中央政府がそのような行為を許すはずがないと思うかもしれないが、現実には、上層部が制定する労働法の多くが施行されていない。リュウによればその理由は、実際に施行するのは地方の役人の仕事なのだが、そうした役人は賄賂を受け取って喜んで目をつぶる場合があまりにも多いからだという。「地方の役人になるのは金持ちになる早道だ、と多くの若者が思っています。ひょっとしたら工場主よりも金持ちになれるかもしれない、と」

巨大工場ともなると、問題はさらに複雑になる。工場が大きければ大きいほど、そこで従業員がどのような扱いを受けているかについて政府が調査する可能性は低くなる、とリュウ。「問題は、フォックスコンのような企業は、政府が異議を唱えるには大物すぎるということです」

二〇一〇年、フォックスコンの電子機器輸出量は競合他社をはるかにしのぎ、中国からの全輸出額の四パーセントを占めるまでになった。つまりフォックスコンは中国最大の輸出業者なわけだが、中国政府からの税免除額があまりに大きいため、中国の法人納税者のリストでは上位一〇〇社にも入っておらず、輸入税は払ってすらいない。

一方で、地方政治家は地元へフォックスコンのような企業の工場を誘致するのに躍起になっている。工場ができれば、大量の雇用が生まれるからだ。

フォックスコンのような企業が製造する中国製品の世界的需要は、飛躍的に増え続けている。皮肉にも、従業員の助けになりそうなことが、まさに雇い主に打撃を与えることになるかもしれない。中国の一人っ子政策によって若い労働者の人口が減少していくことで、一三億にもなる中国の人口でさえ、安価な労働力に対する需要を満たすことがやがてはできなくなるのだ。「一部の産業ではじきに労働力が不足するようになって、そうすれば労働者がもっと力をもてるようになります」とはリュウの楽観的な意見だ。出稼ぎ労働者にとって状況は少しずつ変わりはじめているが、それはだれかが彼らを助けているというわけではなく、単純に需要と供給の経済機能の作用に過ぎない。

実際、多くの要素が同時に作用している。労働力が不足するということは労働者の側に選ぶ権利が生まれるということだが、より高い教育を受けた労働者は単に実家に仕送りできる給料だけではなく、自己の成長の機会を求めている。ズーや他のフォックスコンの工員たちが言ったように、中国の次世代の出稼ぎ労働者たちは学びながら稼ぎたいと思っている。中国の貧困地域では、過去二〇年間に実現した教育の改善が停滞しはじめている。高考《ガオカオ》（国立大学入学試験）を受ける義務教育修了者の数が、二年連続で五〇万人以上も減少しているのだ。

「以前なら子どもたちは、もっといい仕事に就くために自らを向上させようと一生懸命努力したものです。しかし今ではそんな仕事など存在しないと気づいて、大学で教育を受けるのがそれほど賢い投資だとは思えなくなってきています。出稼ぎ労働者になるほうがずっと魅力的に思えるわけです」

リュウのような活動家が恐れているのは、この変化の行き着く先だ。一三歳にしかならない子どもが学校を卒業するのをすっかり諦めてしまい、都会で働くために「外へ出ていく」現状をリュウは目のあたりにしてきた。中国の地方に住む貧しい若者は、好ましくない状況に置かれている。教育を受け続けると、最終的には将来の機会が少なすぎることに対してフラストレーションを覚えるだけだと気づく。そして、働きはじめる時期を遅らせれば、実家の近くに新居を建てるための金を稼ぐという最終目標の達成がそれだけ遅れるのだということに思い至る。中国の地方ではいまや、教育はマイナスの利用価値しかもたないのだ。

リュウは、出稼ぎ労働者が抱ける希望の光を見出している。まず、都会にやってくる新世代の出稼ぎ労働者は以前よりも多くの情報を知っている。出稼ぎ労働を経験した年長の親戚たちから、悪質な雇い主の話を聞かされているのだ。次に、若い労働者たちはお互いに情報交換をしている。「一番重要なのが、インターネットです」とリュウ。「出稼ぎ労働者たちは徐々に、工場の中での生活がどのようなものかについて情報を共有する方法を見つけるようになってきています」

中国政府は高機能なファイアウォールでフェイスブックやツイッターなどのソーシャルネットワークサイトをブロックしているが、「壁《ウォール》を乗り越える」方法を覚えるハイテク通の若い中国人たちは増えている。最終的に変化に必要な透明性をもたらすかもしれないのは、労働者自身なのだ。

広州大学の学食でテーブルにつくリャンは、普通の成人学生にはあまり似つかわしくない外見をしている。高級なポロシャツと有名ブランドのジーンズを着た彼がいじっている車のキーは、キーホルダーのロゴを見る限り、ＢＭＷのものらしい。リャンは成人学生だが、同時に大富豪でもある。三〇年前に高校をやめたときは卒業証書をもらわなかったが、それでも中国の製造拠点に一大企業王国を創り上げて大成功を収めることができた。彼の会社は工場や倉庫向けにアルミの窓や扉、棚を製造している。

リャンの工場は、中国南部の都市で見られる工場としてはわりと典型的なものだ。従業員は約五〇〇人、そのほとんどが出稼ぎ労働者だ。彼が成功したのは、アメリカの競合他社が提示する価格の何分の一かでアルミ製品を製造できるからでもあるが、大きな要因は、出稼ぎ労働者の安い賃金のおかげだ。

リャンは最近、良質な労働力を見つけるのが難しくなってきたと感じていて、そのせいで事業に影響が出はじめていると言う。「うちの出稼ぎ労働者たちが、もっともっと残業したがるんだ。ときどき、そんなに残業代を払えないと言わなきゃならない。だが新人の工員を雇って仕事を覚えさせるほうが高くつくから、うまくバランスを取らないと」。バランスの他の要素には、工場だけでなく、リャンが提供する社員寮や食堂での環境も含まれる。

中国には、従業員と雇用主との関係の深さにおいて独特な点がある。ほとんどの従業員が国内の地方から出てきた出稼ぎ労働者なので、中国企業は現場の環境だけでなく、終業後の生活環境にも気を使わなければならないという独特な責任を負うのだ。出稼ぎ労働者には食事と寝床を与えなければならない。

多くの出稼ぎ労働者にとって、それは工場が生活全体の枠組みを提供してくれるということだ。最悪の場合、出稼ぎ労働者は日中過酷な労働環境に苦しみ、そのあとはまずい食事と寝心地の悪いベッドに耐えなければならないことになる。このため、中国企業は社会的責任にかなり真剣に取り組まなければならないというわけだ。

「ほとんどの労働者は目ざといものだよ」とリャンは言う。別の場所にもっとましな仕事があると思えば、出稼ぎ労働者は出ていってしまう。「設備にもっと気を配りたいんだが、大事なのは設備だけじゃなくて人材もなんだ」

だが、リャンが「人材」と言うのは、一般の従業員のことではない。昨年、彼はかなりの額を投資してそれぞれ設計と工学を専門とする大学教授二人を協力者として招いた。教授たちの名声が、自社ブランドの向上に役立つと考えているのだ。消費者が工場の従業員のことをそんなに気にしているとは、リャンは考えていない。

「この業界には秘密なんかない」と彼は話す。「競合他社の工場にどんな設備があるかはわかっているし、工員たちもそうだ」。一見、それは工員に選択肢があるからいいことのように思えるかもしれない。だが残念ながら現実には、それは単純に工場が改善の必要に迫られるまで現状を維持する口実となっているだけだ。

ある工場で食堂を新しくしたら、他の工場も真似しなければならない。しかしそれまでは、古い食堂のままでそれまでどおりに続けるのだ。リャンがやっていることがまさにそれだ。改善計画はあるが、必要に迫られるまでは実施しない。それよりも、教授の誘致に金を使ったほうがいい。

大学とのつながりができたことで、リャンは自分自身を育成する気になった。英語と古代中国哲学の講座に登録したのだ。「自分自身を少し成長させれば、事業がさらに成長すると気づいたんだ。自分の内面世界にたどり着こうとしてるんだよ。私の前の世代は、あんなに一生懸命働いたあとで自分のために何を残した?」

彼は、自分が雇っている出稼ぎ労働者も彼らの「内面世界」にたどり着けるよう、講座の受講費を出してやることも同じくらい賢明な投資方法だとは考えようとしない。「やつらがそのままうちを辞めて他へ働きに行かないという保証が、どこにある?」というのが彼の言い分だった。

世界でいちばん共産主義らしくない場所

私はリャンと別れ、中国の経済的奇跡によってリャンよりもなお大成功を収めた人物に会うため、大急ぎで街を走り抜けた。時刻は午後一〇時、ユー・ペンニャンは広州中心部のビジネス街にあるオフィスで、不動産契約の最終的な詳細内容について厳しい交渉をしているところだった。ユーはかなり有利に交渉を進めていた。大きなデスクの向こう側に座る三人の交渉相手は彼の半分ほどの年齢で、その顔に浮かぶ表情を見る限り、苦戦しているらしかった。「中国大富豪ランキング」が調査を開始して以来毎年ランク入りを果たしているユーは、ビジネスとなると容赦ない。それに八三歳ともなると、大概のことは経験済みというわけだ。

午後一一時近くになって交渉が終わったとき、彼は満足そうだった。契約書の全ページに注意深く捺印すると（だれもユー氏を騙したりできない）、ようやく一日の仕事が終わって話を聞かせてくれた。

自分名義の高層ビルを所有している人物に会ったのは、これが初めてだった。ここは五八階にあるユーのオフィスで、広州の商業地区をはるか眼下に見渡せる。オフィスの壁は一面、さまざまな中国高官と握手している彼の額入り写真で覆われていた。窓の外ではカルティエやポルシェの電光看板で空が赤く染まっているが、ユー本人には近代的なところなどあまり見られない。彼が身につけているのは、毛沢東がよく着ていた伝統的な人民服。ただし偉大な独裁者と違うのは、エルヴィス・プレスリーもびっくりするほどのリーゼントに固めた印象的な漆黒の髪だ。

中国本土を離れて三〇年間におよぶ亡命生活を送っていたユーは、香港での不動産取引でまず一財産をつくった。「鄧小平が『改革開放』をやっていなければ、本土には戻れなかったよ」と言いながら、彼は写真で構成された自身の半生記をめくった。目当てのページを見つけ、本をくるりと返して三〇年前に撮られた写真を見せてくれる。そこには、若い頃のユーが救急車の列を背景に写っていた。香港から戻って彼が最初にしたことが、故郷の病院に緊急車両を一式寄付することだったのだ。本には同様の写真が満載だった。

ユーは、自分の慈善行為が政府高官の愛顧を得て、それによってさらに稼げたことについて気持ちいいほど率直だ。

「ビジネスは円形だ。善行のために未開発地域に金を出せば、それが地元政府からの信用という形で戻ってくる。そうすると、それがその地域で不動産取引を有利に進める役に立つかもしれない。企業の動機が評判を良くするためなのか、善行をするためなのか、はっきりと言うのは難しいな」。どっちでもいい、と言わんばかりに彼は肩をすくめた。

だが、ユーは、もっとも支援を必要としている地域に寄付金を配布するのに、政府へ直接金を渡すことには同意しない。中国の政府を信用していないのだ。「金は、貧しい人たちに直接渡したいんだ」と説明する。「そうすれば、金がどのように使われているかがわかる」

中国では、政府経由で集められた寄付金が本来の目的のために使われないのではないかという懐疑論が根強い。この実例は、最近中国国内で活動するＮＧＯが申し立てた主張からも見て取れる。四川の地震救済基金が没収され、腐敗した役人によって不正に使われたというのだ。

ユーは真剣な眼差しで私を見つめ、胸に手のひらを当てた。「私が稼いだ金は、人に稼がせてもらった金だ。だからお返しをしたい」。私が理解していることを確認するように頷くと、一瞬含み笑いをしてから付け加えた。「もちろん、お返しができるようになるには金を稼がなきゃいけないんだがな」

鄧小平の「改革開放」政策以降の資本主義の爆発的発展と同時に、にわか成金の数も急激に増加した。二〇〇九年末には、中国には百万米ドル規模の資産をもつ大富豪が四七万七〇〇〇人いた。その数は前年比三一パーセント増で、アメリカ、日本、ドイツに次ぐ四位だった。だが欧米諸国で見られる慈善行為に比べると、中国の大富豪による寄付額はまだ比較的少ない。ユーは別として、中国の大富豪は以前にも増して稼いだ金を貯め込みたがっている。二〇〇九年、政府が作成した慈善活動実績表には一二一人の中国人慈善家が記載されていた。その合計寄付額は二億七七〇〇万ドルで、アメリカの資本家スタンリー・ドラッケンミラー夫妻が二〇〇九年にアメリカで寄付した額の半額以下だった。

ユーは、今後成功を収める中国人実業家たちの多くが、自分と同じビジョンをもっているとは限らないと見ている。「私の場合はちょっと違うんだ。私の会社には役員会がないから、会社が何をするかはすべて私にかかっている」。中国は、大企業が役員会や株主をもつような、より幅広い資本主義経済へと発展しつつある。

「次の世代はまったく違う」とユー。「利害関係者が多ければ、揉め事も多くなる。そして若い世代はあまり責任感がないから、金を稼ぐことにばかり集中して、善行には注意を払わない」。前にもこのことを考えていたんだというように、ユーは、諦めのにじむ悲しげな表情で頷いてみせた。

ユーの言葉を信じるとすれば、ズーのような出稼ぎ労働者は、中国の実業界に頼れる友がほぼいないということになる。旧世代の実業家たちがもっていたであろう善意はもう絶えつつある。わずかに残った善意は本当の意味で持続的な企業の社会的責任と呼べるものではなく、個人が私的に寄付をするだけだ。しかも、それは中国資本の企業が喜んで取り組もうとするような発想ではない。


ひょっとすると、これは中国における労働環境問題の核心を反映しているのかもしれない。共産主義国として知られているにもかかわらず、中国はすさまじいほどの個人主義的文化をもつ。そういう意味で、世界中でこれほど共産主義らしくない場所はない。

そこへ労働者の利益よりも事業主の利益を優先することがますます増えてきた政府を加えれ

ば、社会的責任がまったくないか、あってもごくわずかな機能不全社会のできあがりだ。悪徳雇用主が、影響を与えたい有力政治家のお気に入りプロジェクトに小切手を渡すだけで簡単に政府の干渉を免れるようなら、出稼ぎ労働者が政府に助けを求められるわけがない。

自分たちの相手が簡単に政府を買収できるのに、政府が必要なイニシアティブを実行してくれることに期待などできるわけがないのだ。

実にもどかしい。中国は政府がその気になればなんでもすぐに実施される国だから、なおさらだ。もしかしたら彼らは、政府に対応を余儀なくさせるような圧力が十分に高まるまで待っているのかもしれない。

二〇一〇年、中国では労使紛争の数が激増した。マスコミの注目は主にフォックスコンやホンダなどの外資系企業に集まったが、一二カ月の間に全国で推定一〇万件ものデモが起こっていたのだ。ここまでのところ、労働運動に対する大きな弾圧はないが、傑出した労働運動指導者もまだ現れてはいない。中国では労働組合の歴史は浅く、今まで労働者は自分の権利や資格についておおむね無知でいた。だがデモは事態が変わりつつあることを示しており、中国政府にとっては不安材料となるはずだ。

リャンが言うように労働者の目は鋭く、欧米の注目を集めれば集めるほど、雇い主に立ち向かう勇気が出てくるだろう。彼らの憤りが、たとえばソ連時代のポーランドのように効果的な社会運動へと集約されれば、事態は本当に熱くなってくるかもしれない。中国では、どの大臣もポーランド語をひとつだけ知っているという。「連帯《ソリダルノスチ》」だ。

本当のCSR

中国の急激な経済成長が引き起こしている労働者の悲惨な状況にちゃんと取り組む人が、中国最後の慈善活動家であるユー以外に国内にはいないのだろうかと思いはじめた頃、ようやくビル・ヴァレンティノという人物とアポを取ることに成功した。

実は中国にいる間にこの人物の名が何度も出てきたので、ずっと会おうとしていた。だが北京の自宅キッチンにいる彼とやっと話ができたのは、中国訪問も終盤に入ってからだった。注目すべきは、そのとき私が上海にいたことだ。深夜近くにスカイプを通じて顔を見ながら話をするというのも、これが現在の中国における仕事のやり方であり、時代が変わったという証拠なのだろう。中国で会ったどの人とも同様、ビルも忙しい人物なのだということに、私は思い至った。

この日の話題は、エネルギー関連企業BPのメキシコ湾原油流出事故のニュースで持ち切りだった。私たちは、この事故が中国におけるBPの評判にどのような影響を与えるかについて話し合っていた。「僕が一緒に仕事をしている中国の人たちはみんな、『でもBPはすごくいい会社で、環境にいいことをたくさんしているし……』と言っているよ」

BPはたしかに環境問題対策に多大な貢献をしているが、巨人も倒れることはある。すばらしい評判も、膨大な損失を招く失敗を防ぐことはできなかった。「CSRの絶頂にあるどんな企業でも、事業経営の戦略的要素としてCSRを見なければ、すぐにどん底まで落ちてしまう」とビルも頷いた。

ビルは、中国で事業をおこなう複数の外資系企業を相手に活動している北米人だ。企業が価値を生み出しつつCSRプログラムの改善を推進できる方法を考えるのが仕事で、現在はドイツの大手製薬会社バイエルに雇われている。

中国では、企業に態度を変えるよう進言することがまず無駄だと彼は言う。はじめに価値、特に経済的価値を生み出すと確信できなければ、話にもならないのだそうだ。

なぜそう考えるのかについて、ビルは熱っぽく語ってくれた。「変化がいかにより良いブランドや評判を築き上げたり質の高い従業員を引き寄せたりできるか、それがどうサプライチェーンのリスクを軽減できるかについて話さないといけない。真のCSRは、長期的に測るものだからね。短期的な結果を求めているなら、それは単なる宣伝だ」

ビルに言わせれば、黒板の寄贈には意味がない。中国で一番重要な問題は、いかに安定性を築くかということなのだ。

「ここでは、CSRは環境に焦点を当てているが、貧困の削減や健康、教育にも注目している。僕たちが『市民社会の能力構築』と呼ぶものだね」。ビルは、これらすべてが、万物に均衡を求めるという孔子の思想に通じており、まさに中国の文化的ニーズにうまくはまると考えている。「中国ではこれを調和とかバランスとか呼んでいるよ」

過去三〇年にわたる驚異的な経済成長のあと、この均衡に対するニーズがかつてないほど高まっているのだそうだ。「あの成長とともにあったのは、環境と社会的開発をとことん無視する現象だったからね」。言い換えれば、中国の陰と陽の均衡が崩れてしまったというわけだ。

二〇〇七年以来、中国政府が所有するすべての企業に、CSRの厳しい規則が突きつけられている。問題は、企業がそれをどうやって実施すればいいかがわかっていないことだ。問題を見つけてからそれをどう解決すべきかクリエイティブに考えるというのは非常に欧米的な思考だ、とビルは考えている。

「中国の問題は、びっくりするほど現実的だってことだ。本能的に、左脳思考なんだよ。中国共産党の上層部を見てみるといい。九〇パーセント以上が技術者か軍人だ。しかしクリエイティブな問題解決の良策を考えつくには、右脳を使う必要がある。デザインとか共感とか物語を伝えるとか、楽しむって要素が必要なのさ」

ビルは、バイエルが中国で収益を上げつつ社会的価値を生む手助けをどのようにしてきたかという事例を紹介したがった。彼の思考回路は間違いなく右脳派だ。

「賢明な利己主義は悪いことだと思う人が多い。自分のことしか考えてないと思われるからね。だが環境的な価値や社会的な価値を生み出すことをしていれば、『私には利益を上げ、株主のために富を生み出す権利がある』と言えるんだ」。これはユーが過去二〇年間やってきたことと相反する見解ではない。だがビルはさらに一歩先へ行きたいと思っていて、それは企業の社会的責任が単なる宣伝の一種だという考え方から離れることだ。

多くの企業がいまだに、CSRから長期的な価値を生み出すよりは短期的に評判を高めるほうに関心をもっている。本当はもっと戦略的に考える必要があるのに、その考えを捨てきれずにいるのだ。

賢明な利己主義

二〇〇二年、ビルはバイエルにある提案をした。小規模金融のプログラムを展開して、私がフォックスコンで会った出稼ぎ労働者たちの故郷と同じ中国の貧困地域のいくつかで、農家に融資をおこなうというものだ。当初は、雇い主から相当の反発を受けた。「『いったい何を言い出すんだ？　うちは銀行じゃない、製薬会社なんだぞ』と言われたよ」。そのときの雇い主の顔を思い出しているかのように、ビルは大きな笑みを浮かべた。戦略的に考えていたからなのか、彼はその反発を明らかに楽しんでいたのだ。「バイエルにとって中国で最大のステークホルダーのひとつが、農業分野だ。でも中国西部の貧しい農家は、バイエルの商品を買えるほど稼いでいない」

農業地域には肥料や農薬など、バイエルの商品にとって巨大な潜在市場があるかもしれないが、ピラミッドの底辺にいる農家はいまだに最低限の農業だけで生活しており、資金がないためにそうした商品の購入を考えることすらできないとビルは指摘する。ここでの潜在市場がどれだけ大きいかはだれにもわからなかったが、コミュニティとかかわるようになればバイエルは市場についてもっと知ることができるようになる、というのがビルの主張だった。

「今では、地域の農家になにが欲しいのか聞けるようになった。ただいきなりやって来て学校を建てたり教会を建てたり、村長にベンツの一台や二台を寄付したりするだけじゃない。生活を改善したいという現地のニーズに応えているんだ。そして、農家に融資しながら、農薬を安全かつ効果的に使う方法を教えることもできる。もちろん、そうすればこっちがやっていることを気に入って農林省が腰を上げるというわけだ」

それこそが、ビルの「賢明な利己主義」戦略におけるきわめて重要な要素だ。バイエルの中国での新製品を認可する中国政府も、バイエルにとっては最大のステークホルダーのひとつだからだ。

ビルは、貧困撲滅が企業の責任だとはまったく思っていないとすぐに付け加えたが、それでも道を拓くモデルの構築に一役買えるとは考えている。主力事業を通じてどのようにものごとを進められるかを証明して見せ、初期投資をすれば、政府やNGOがそれまでは思いもよらなかった分野に取り組むよう促すことができるのだ。

「だから、小規模金融のような実験や農業にやりがいを生むという考えからスタートして、それから健康、それに教育や環境といった貧困を取り巻くすべてにつなげていく。そして地域全体にそれを広げていけるかどうか見るんだ」。ここでビルは両手を上げ、バイエルが選んだ地域、重慶《じゅうけい》が非常に戦略的な意図によって選ばれたことを認めた。

中国の最貧地域のひとつであり、近年では組織的犯罪の異常発生に苦しんでいる重慶は、中国政府にとっては目の上のこぶになっていた。当時、中国政治の希望の星であり未来の指導者となる可能性をもつ薄熙来《はくきらい》が、事態を収拾するために現地に送り込まれていた。バイエルは、薄氏なら付き合うのにいい相手だろうと判断した。

雇い主のバイエルを説得するため、ビルは貧困を軽減するという戦略については一切話をしないように気をつけ、重要な政治的コネをつくって新たな市場を開拓するという計画のほうに重点を置いた。「向こうは、貧困を軽減する話なんか聞きたくないんだ。それよりも経済とか金儲けの話を最初にして、得になることをわかってもらったほうがいい。そして最後の最後で、社会的価値を生み出す話をすればいい」

ビルは、彼が呼ぶところの「CSRの神」を自称して出しゃばろうとする企業を数多く見てきたが、実際にはそれらしき根拠はまったく見られないという。「ティンバーランドかパタゴニアあたりは近いかな」と、すばらしい実績を残している企業の例を挙げたが、「でもほとんどの企業にとっては革命的なことなんだ。そして、一部の人々は何かいいことをしようとしてるけど、社内のほとんどの人はどうでもいいと思う状態に落ち着いている」

中国のような市場で事業をおこなう企業にとって最大の難関はそこ――金儲けのニーズが社会的価値を生み出すニーズと一致するように、社内の対話を推し進めるにはどうすればいいか――にある、とビルは言う。「問題は、それをどうやって計画すればいいか、企業として社会とのかかわりをどこに見出すか、ということだ」

そうした思考は、中国ではあまり見られない。ビルのような水平思考は、そうしたかかわりを見出すためには絶対に必要なものだが、この国ではまだ広がっていない。だから欧米諸国が道を拓く必要があるのだ。ビルは希望にあふれ、活気に満ちている。

「中国の人々は、自分たちの考え方ではやっていけないことに気づいている。だが、今はどうすればもっとクリエイティブで才能豊かになれるかに焦点を当てている。この国で最大の問題は彼らが抱えているわけだから。ここでは目の前に大きな問題があって、早期の解決を待っている。新しいアイディアを試すには最高の場所だよ」

そうなると、責任をもって変化を起こすのはだれの役割になるのだろう？

企業幹部の機嫌を損ねるのが嫌な政府は、企業が自らを規制するに任せる傾向がある。ユーの言葉を信じるなら、必要な変化を起こす意志が中国内部から生まれる可能性は低い。そしてビルいわく、そこに意志があったとしても、その能力が育つまでにはまだしばらく時間がかかるかもしれない。

だから今のところの最大の望みは、中国企業に業務委託をする欧米企業が社会的課題への取り組みを推進することだ。それはつまり、状況が確実に改善する方法をクリエイティブに考えるということだ。現状では、声を上げる者は多くても、実際に彼らが変化を起こすべく積極的に活動しているという兆候はまだ少ない。一六人の自殺が、その証だ。

4

やつらは村人一人ずつに約８００米ドル渡して、出て行けと言った。
それ以来、ここは実質的に中国の都市になりました。

ゴム印を押されて

ラオス・ルアンナムター

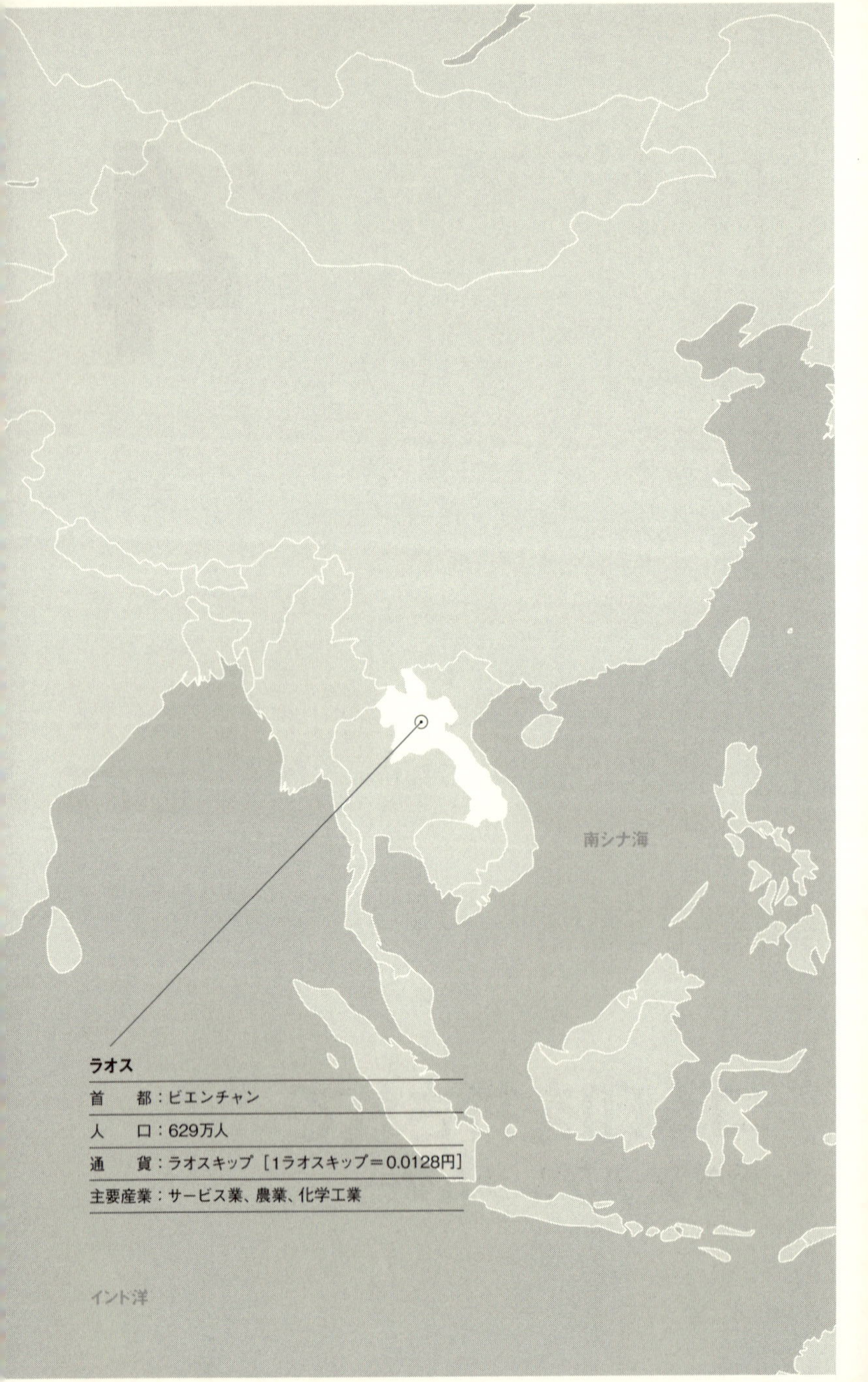

ラオス
首　都：ビエンチャン
人　口：629万人
通　貨：ラオスキップ［1ラオスキップ＝0.0128円］
主要産業：サービス業、農業、化学工業
南シナ海
インド洋

ラオスに見た中国

賭け金を置いてください！

女性ディーラーがベルを鳴らし、バカラテーブルに慌ただしく投げ出される紙幣やチップの受付けを締め切った。ディーラーは積み上げられた大きなカードの山に手を伸ばし、一番上の一枚を捨てて次の二枚をテーブルに並べた。最初の一枚は慎重に「龍」の漢字の前に、次の一枚は「虎」の漢字の脇に置く。ゲームのルールは簡単で、どっちのカードが大きいかに賭けるだけだ。

「中国人は簡単な勝負が好きなんです」と説明するのはロバートだ。ロシア人の元ウェイトリフティング選手で、中国語に（そして、私にとってありがたいことに、英語にも）堪能なため、通訳としてこのカジノに雇われている。「それに、つるむのも好きですね。見てくださいよ、周りに空いたテーブルがいくらでもあるのに、このテーブルにだけみんなが集まっている」

テーブルに集まっている中国人ギャンブラーたちは、勝っている人間に乗っかるのも好きらしい。一人、とりわけ大きく賭けている男性がいた。「龍」の枠に、戦略的に一万元（約一六万三〇〇〇円）を置いている。次の賭けでは「龍」のカードのほうが虎のカードよりも大きいだろうと読んでいて、テーブルを取り囲むギャンブラーたちも皆、彼に倣っていた。ディーラーがフライ返しのような道具を「龍」のカードの下に滑り込ませ、伏せたままで男性のほうへ押し出す。ショーの花形として、彼が結果を発表できるのだ。テーブルの端、男性の前にある「龍」の枠には中国の紙幣とカジノのチップが山積みになっているが、反対側にある「虎」の枠は空っぽだ。まずはディーラーが「虎」のカードをひっくり返す。クラブの九だ。全員の注目が、テーブルの端に座る男性に向けられた。

男性は右手を「龍」のカードの上にぴったりと重ねると、左手で端を持ち、一ミリ一ミリ、ゆっくりとめくりはじめた。カードに跡がついてしまうので、欧米のカジノならこんな行為はご法度だ。だがここではそれも、雰囲気を盛り上げる演出の一部らしい。やがて、角に黒い線が見えはじめた。それが絵札であることが全員にわかる。勝ち誇った様子で男性はカードを完全にめくると、大げさな身振りでテーブルのフェルトに叩きつけて見物人たちを大喜びさせた。男性が勝ったということは、彼らも勝ったということだ。ディーラーが勝ち金を数える間に、観衆は早くもヒーローが次はどこに賭けるのかに注目していた。

このカジノはボーテンの街にいくつかあるカジノのうちの一軒で、高級ホテルに付属している。このホテルにチェックインすると、宿泊客は慇懃な北京語の「你好《ニーハオ》」で迎えられる。驚くことに、このホテルとカジノは中国にあるわけではない。ボーテンは、隣国ラオスの都市だ。ギャンブルは中国では違法だが、ラオスでは合法なのだ。中国人ギャンブラー向けのカジノや高級ホテルをつくるため、ボーテンには投資マネーが大量流入した。ボーテンの投資家たちは、ここが第二のマカオになると見込んでいる。その成功に期待して、街全体とその周辺が三〇年契約の上にもう三〇年の随意契約つきでラオス政府から貸し出されている。ラオス政府が貸し出したのは土地だけではない。ボーテン周辺地域では、何百ヘクタールもの森林が、農業開発のために売り払われたのだ。

間違いなくラオスの国境内にあるにもかかわらず、ボーテンにラオスらしいところは何一つない。街の道路標識はすべて中国語だし、ホテルのスタッフは北京語しか話さず、街一番の商業地に並ぶのは点心や北京ダックを売る中国料理の屋台だ。

「ここは昔、ちっぽけなラオスの田舎村だったんですよ」とロバート。「やつらは村人一人ずつに約八〇〇米ドル渡して、出ていけと言った。それ以来、ここは実質的に中国の都市になりました」

そして、中国の都市を運営するため、ボーテンは中国人労働力を輸入した。ロバートが働くカジノではラオス人従業員は二割以下で、与えられる仕事は清掃員やポーターなど、単調な仕事ばかりだ。表の顔は一〇〇パーセント中国人で、夕方五時に日が暮れはじめると特定の中国人出稼ぎ労働者たちがシフトに入るのがその最たる証拠だ。

その労働者とは、ホテル前の道路沿いに徐々に集まりはじめる若い中国人女性たちで、五時半までにその数は七〇人以上にもなる。そのほとんどが十代で、しなをつくってホテルの私道を歩き回りながら、ずっと年上の中国人男性たちの手に名刺を押し込んでいる。名刺の表にはどれも同じ電話番号が、裏には二桁の個人認識番号が記されている。気に入った女性がいれば表の番号にかけて裏の認識番号を告げるだけで、成人向け中華料理の出前よろしく、女性が部屋まで届けられるという仕組みだ。ホテル側から苦情はなく、女性たちは夜中自由に出入りできる。一儲けして浪費する金のある幸運なギャンブラーにも、ツキがなくてチップを減らしたものの一文無しまではいかなかったギャンブラーにも、需要のあるデリバリーだ。

私は、中国南部から国境を越えてラオスへと入国した。しばらく中国に滞在すると、中国の産業が世界の中でもつようになった重要性に気づいた。そして、この経済的な飛躍が中国人自身にとって必ずしもすべて有益ではなかったように、中国が欲してやまない原材料を中国の工場に供給している国々にとっても、それは手放しで喜べることではないのかもしれないと思いはじめた。

「ラオスの人たちは中国人が好きですよ。いい商売も、安いバイクももってくる。ラオス人は喜んでいます」。タクシー運転手のケンが述べるこの意見は、ラッシュアワーにヴィエンチャンを埋めつくすバイクの群れについてさっきまで彼が打っていた批判演説とは、若干食い違っているような気がする。街を出て一六キロ、郊外を抜けて街の新しい競技場に向かう道中のほとんどを、私たちは中国製の原付バイクやスクーターの連隊に取り囲まれていたのだ。渋滞が途切れる頃、国立競技場に到着した。四棟の壮大な建物が堂々たる姿を見せている。陸上競技用トラックの他にサッカー場、屋内プール、それに、沈みゆく夕陽に輝く屋内競技場。あまりに立派な複合施設なのでケンが入ってもいいのかどうかちょっと不安そうな様子を見せたが、私が何度か促すとようやく、ゲートを抜けて空っぽの駐車場へと車を乗り入れた。私たちは、高さ六メートルの黄金のたいまつが堂々とものものしく、しかし寒々しく立つメインスタンドの目の前に車を停めた。そこには、だれもいなかった。

ケンを後ろに従え、私は階段を上がり、開いた出入り口からスタンドへと入った。サッカーのイングランド代表が本拠地としているウェンブリースタジアムへ決勝戦を観に行くみたいだ。まあ、八万人ほど人が少ないが。私たちは完全に二人ぼっちで、競技場を独占していた。二〇〇九年一二月の東南アジア競技大会で、インドネシアのスリョ・アグン・ウィボウォ選手が一〇〇メートル決勝で優勝したまさにそのトラックと私を隔てるのは、低いフェンスだけだ。面白半分にひとっ走りしてみようかと思ったとき、背後から声が聞こえてきた。

マニ・スンと三人の姉妹たちは、近くの村から競技場へ徒歩でやって来た。人けのない駐車場の合間に自生する、空心菜《くうしんさい》という野菜を採りに来たのだ。「大会のときには、ここにはすごくたくさんの人がいました」とマニは言う。「でも今はだれもいません。たまに、どこかの会社が内輪の試合でグラウンドを借りるくらいです。見に来る人なんかいない」

彼女だったら他の何か、たとえば学校や病院に金を使っただろうか、と聞いてみる。「それはわからないですけど」と彼女は考え込んだ。「でも、少なくとも計画ぐらいは立てたでしょうね。毎週、ここにみんながスポーツ観戦しに来るように。そうすれば少しはお金が稼げただろうから」

競技場は、中国政府からの「贈り物」だった。ラオスのこの地域への注目度を高めることを目的とした、開発プロジェクトだったのだ。これは、よくある中国の開発戦略だ。同じようなプロジェクトに、西インド諸島のクリケット競技場や南米のサッカー場がある。自分たちの投資が安心して頼れるものだということを示すために、中国はここラオスでかなりの努力を費やしている。両国の首脳は昨年、二〇回以上会談した。大規模な競技場を建設するための契約を締結しただけでなく、中国企業がラオスで水力発電や鉱業、ゴム産業などの探査権を確保するためにはどうすればいいかも話し合ったのだ。

ター川の河岸に位置するルアンナムターは、欧米人観光客が陸路で中国へ向かう際の経由地や、周辺に暮らす部族の村を訪れるトレッキングの出発地として利用されてはいるが、それでもボーテンよりははるかにラオスっぽい雰囲気が漂う街だ。

ルアンナムター周辺には、推定一八の異なる部族が暮らしている。個性豊かな部族のありのままの暮らしを見てみたい、という社会的探究心あふれるバックパッカーたちに「山岳少数民族を訪ねるトレッキング」を売り込むチャンスを捉え、街には次々とエコツーリズム会社が生まれた。観光客が勝手に村を訪問することを政府が法的に禁止して以来、そうした会社は大繁盛している。ちなみに禁止の理由は、観光客が文化の違いから不注意に無礼なことをして部族の人々の感情を害することのないように彼らを保護するため、というものだ。

ガイドブックが読者の注意をそらしているのは、街の周囲に点在する低層のオフィスビルだ。すべて、中国のゴム会社が所有している。国境の向こうにある中国南部の雲南省《うんなん》は、世界のゴム加工産業の中心地だ。昨年、雲南の工場はブリヂストンのタイヤからナイキのトレーニングシューズまで、あらゆるものに使われるゴムラテックスを二〇〇万トンも加工した。

需要があまりに急激に増えているので、中国政府は加工ゴムの生産量が二〇二〇年までには倍の四〇〇万トンにまで増えると見込んでいる。問題は、雲南にもうこれ以上原料となるゴムの木を植える余地がないことで、だから中国企業は外へ目を向けはじめているというわけだ。

そうした企業は、不足を補う供給源候補としてラオスを見ている。特に、地理的にもっとも雲南に似ているルアンナムターのような北部地域に目をつけたのだ。ルイフェン・ラバー、ユンナン・ラバー、シノ＝ラオ・ラバーは、この街でかなり存在感のある代表的な中国企業だ。

ルイフェンの社長が、ちょうど今朝、街に到着した。社長が自宅前に停めている真新しいトヨタ・ハイラックスは、ほとんどの住人がバイクしか買えないこの街ではえらく目立つ。社長宅のテラスでは数名の中国人男性が真っ昼間からビールを飲み、室内では麻雀に興じる男たちがガラスのテーブルに陶製の牌を叩きつけている。

オフィスの様子を見に来たんだ、と社長は言った。ラオスのこの地域における中国企業の可能性について訊ねると、社長の口調はそっけなく、かなりぞんざいになった。「私らがここの連中のために何をしてやっているのかを、聞くべきじゃないのか」と冷笑し、外の通りに向けて頭を傾けて見せた。なるほど。それならと、中国によるゴム産業への投資で、ラオスがどのような恩恵を受けると思うか、と聞いてみた。「ふん」。社長は舌打ちし、ドアへ向かった。肩越しに、最後の助言を投げかけてくる。「私らがここの連中に何をしてやっているか知りたいなら、なぜ当人たちに聞かない？」

ルイフェンはゴム園開発のために、ルアンナムターのロン地域にある一万ヘクタールの土地を占有する、土地使用権契約をラオス政府と結んでいる。企業側が支払った正確な金額は公表されていないが、ルイフェンは地域の雇用創出のため、水処理施設と新規工場に投資することを公には約束している。

中国では、ゴムの価格に最低下限価格が設定されている。中国のゴム農家が受け取る対価がある一定価格以下にならないよう、中国政府が保証しているのだ。ラオスにおけるゴムの価格がこの最低下限価格を下回っている限り、ルイフェンのような加工会社にとってラオスはかなり魅力的なゴムの供給源になるわけだ。ラオスをもっと魅力的にするため、中国政府はさらにインセンティブを追加している。

「悪い取引」に代わるもの

一九九〇年代、ラオスはアヘンの世界的な供給・輸出元だった。麻薬の主要生産地を指す黄金の三角地帯《ゴールデン・トライアングル》にはラオス北部地域の大半が含まれており、世界中のアヘンの四〇パーセント近くを供給していた。世界からの厳しい圧力を受け、ラオス政府はまずアヘン根絶と作物変換戦略の二本柱でこの問題に取り組んだ。さらに次なる計画として、中国とラオスの両政府は、かつてアヘンを栽培していた地域への投資に対する大幅な税控除を提示した。

中国企業とそれぞれの政府との間で合意された条件により、ラオス北部に投資する中国のゴム企業は五〇年間土地を借りることができ、収穫がはじまってから最初の七年間は利益が非課税となる。ラオス政府に対する借地料の支払も、最初の九年間は免除だ。さらに、無利息の融資など、中国政府からもさまざまな特典が受けられる。加えて労働力や機材、車両の国境越えに関してラオス政府が自由を保証し、関税や輸入にかかる付加価値税も免除されるのだ。こうした条件が揃っていれば、中国のゴム企業が目をぎらつかせてラオスを見るのも無理はない。

ラオスのアヘン時代は、きっぱりと過去のものになっている。栽培は僻村の隔絶された土地に制限され、国はもう世界市場にアヘンを供給していない（国連薬物犯罪事務局、二〇〇九年）。ラオス政府は二〇〇六年をもって国内からアヘンが追放されたと宣言し、国連薬物犯罪事務局（UNODC）の祝福を受けた。

しかし、アヘンからの作物変換にかかる税控除は続いている。たとえばルイフェンは、ラオスが「アヘンゼロ」になってからずっとあとにラオスへの投資を開始したが、それでも生産開始から七年が経過するまでは利益にかかるどのような税も払わなくていいのだ。

表面上、これはラオス人にとってすばらしい知らせのように聞こえるかもしれない。外国からの巨額の投資に、人道的に問題のあるアヘン取引に替わる合法的なゴム取引。その上、中国は貧しい隣国のために巨額の援助を注入してもいるのだ。現在、中国はラオス政府の総歳出額の八七パーセントを占める、援助予算最大の供給国だ。

だが、中国が自国民の福利厚生に比較的無関心であることを考えると、ラオスの人々が本当にそんなにいい取引をできているのかどうか、疑問に思わずにはいられない。

銀と緑の異様な世界

前を行くゼーマンのバイクにぴったりとついて渓谷の急な斜面を無理やり上るたび、ホンダのバイクのエンジンが悲鳴を上げる。ミャンマーとの国境を曲がりくねるように流れるメコン川沿いの幹線道路から左へとそれたのは、もう一時間も前のことだ。そして、雨が降りはじめてからは一日半になる。私たちが上り下り抜けて来た道は、とっくの昔に「道路」とは似ても似つかないものになっていた。あり得ない量の水がラオスの肥沃な赤土と混ざり、道をぬるぬるの滑り台へと変えていた。下りは用心深く滑り降り、上りはフルスロットルで必死に上らなければいけないのだ。

私はこれまでに何度も、農家の大多数が特定の作物ばかりつくる地域を見てきた。それがその地域の特色となるのだ。ぱっと頭に浮かぶ場所だけでも南フランスのブドウ園、ケニアのチューリップ畑、中米のバナナ農園がある。だが、これほどまでの単一栽培はかつて見たことがなかった。山の両側、視界に入る東西南北すべての山に、たった一種類の植物しか植わっていないのだ。銀色の斑点がある幹と深緑色の葉をもつ、細くて背の高い木。ゴムだ。

道路沿いの、とりわけ急な下り坂に差しかかる。水が道を深く削りすぎて、まるで耕したばかりの畑のようになっていた。ゼーマンのバイクはタイヤが地面をグリップできず、足を踏ん張ろうという必死の努力もむなしく横滑りしてコントロールを失い、泥の中に倒れ込んでしまった。彼はすぐに振り返って大した怪我はしていないと私を安心させ、細心の注意を払うよう警告してくれた。彼が着ている雨ガッパは重たい赤土まみれになってしまったが、容赦なく振り続ける雨であっという間に洗い流される。メコン川を泳いで渡っても、ここまでは濡れないだろうというくらいだ。

この雨には、服や肌よりも奥深くにまで浸み込むような何かがある。心の臓までぐっしょりと濡れて、重たくなるような感じがするのだ。激しい雨にもかかわらず気温は三〇度超えだというのに、カッパの下で体が震えた。私は慎重に少しずつバイクを前進させ、ゼーマンと同じ所は通らないようにした。

ゼーマンは、目的地まで私を連れて行くのに多大なリスクを冒している。一応述べておくとゼーマンというのは彼の本名ではなく、私が彼のことを書く際、彼の身の安全のために使ってほしいと言われた仮名だ。ラオスは一党独裁政権で、この北部地域から発信される情報の流れを厳しく制御している。ここへ来る許可が下りなかったジャーナリストは数多く、だから私は観光ビザでここまでやって来た。だがゼーマンはラオス政府が見せたがらないものを私に見せたがっている。ここまでの天候を見る限り、どうやら、政府だけでなく自然の力までもが、私にそれを見せたがっていないようだ。

ゼーマンと私は、数人の少年たちが急ごしらえの避難場所の下に集まって煙だらけの小さな焚火を囲んでいる分岐点で停車した。避難場所はバナナの葉とビニールの切れ端でつくられ、雨水があちこちからざばざばと漏れている。少年たちの服はぐしょ濡れで、暖を求めて身を寄せ合っている。近寄っていくと、笑いながら冗談を言い合っていた。

ここへは、ロン地域の村からやってきたのだと彼らは言った。いつもは実家の畑で働いているのだが、雨季になるとたいしてすることがないので、仕事を求めてゴム園へやってくるのだそうだ。中国企業のルイフェンが所有するこのゴム園は、ゴムの若木の下生えを取り除く仕事を少年たちに与えて週四〇ドルから五〇ドルを支払っている。正確な金額は、少年たちがどれだけ効率よく働くかによって異なる。

「僕は六〇ドル稼げるんだよ」と少年の一人が自慢げに言った。「中国人の所で働くのは、稼ぐのにはいい方法さ。でも見てよ」と彼は谷のほうを振り返り、どこまでも広がるゴム園を見やった。「他の木は全然生えてない。環境に影響があることは知ってる。いいこともあるけど、悪いこともあるんだ」

もちろん、ラオス北部にゴム産業がやってくるまで、この地は主に熱帯雨林だった。現存する最後のアジアゾウたちが生息する、生物多様性に富んだ土地だったのだ。ゴム栽培のために土地開拓を急ぐあまり、眼下に広がる森林の一部には火が放たれ、木々がその場で焼きつくされた。焼け焦げた切株の中には、直径が三メートルから四メートルになるものもある。来週には、とどめを刺すべくブルドーザーが切株を撤去しにくる。

こうした破壊行為は不合理に思えるかもしれないが、ラオス政府が進もうと決めたスピードを象徴している。これは、政策としての森林破壊だ。目的が開発である限り、熱帯雨林は惜しいものではないのだ。

ラオス政府とゴム企業は、元々生えていた固有種を切り倒すよりも多くのゴムの木を植えていると主張して、活動家たちの怒りを鎮めようとしている。笑えることに、ゴム企業は「森林破壊」ではなく「森林再生」に取り組んでいると主張しているのだ。ギティという中国系ゴム企業は、その旨を自社のCSR資料に記載までしている。だがゴムを木として定義することには語弊がある。ゾウや地元の先住民に、ゴムの森でどうやって生きていけばいいのかを説明できるのだろうか。

雑草を除去したり木を焼き払ったりするのは大変な仕事で、そうした厳しい環境で機械を使って働く若者たちも危険を伴う。企業と契約があれば、最初の一〇〇万キップ（約一万三〇〇〇円）までは補償される。「契約なんかしてないよ」と少年たちは言う。地域一帯を空き地にする契約を結んでいるのは別の男性で、彼自身は保険金を受け取れるが、その外注先として実際に仕事をする少年たちは何か事故があっても補償されない。それでも、こうした若者たちにとってはリスクを冒す価値がある。一九歳の彼らに言わせれば失うものは何もないし、四〇ドルというのはちょっとした小遣い以上の額なのだ。

さらに道の先へ行くと、道路脇にまた掘っ立て小屋があった。中にいたのは、雲南からやってきた二人の中国人出稼ぎ労働者だ。彼らもゴム園に働きに来たのだった。

悲劇のはじまり

バン・チャグネーは、ラオスでクイと呼ばれる先住民族が主に住む村だ。ゼーマンが過去に訪れたことのある村で、私たちはバイクを路肩に停めると、雨宿りをするために村の中心にある家へと向かった。家の主人はボルサイという人物だ。外ではニワトリが放し飼いにされており、裏からは今晩のおかずにするべくボルサイの息子たちが縛り上げているブタの悲痛な叫びが聞こえてきた。

ボルサイは三〇代半ばで、しゃがみ込んだままガラス瓶から透明な液体を三つのグラスに注いだ。手を一振りして、自家製密造酒で午後の一杯をやろうと誘いかける。「ほぐし薬」のあとは打ち解け、村での生活がどんなものだったかを話してくれた。「昔のやり方だと、金はあんまりなかったが米は十分にあった。水牛や他の家畜を育てて、森からも食料を採ってこられた。森でカルダモン［訳注：南アジアに多く生えるショウガ科の香辛料］を見つければ、売って少しは金に換えられた」

ところが、中国人の到来で、バン・チャグネーに暮らすボルサイたち村人の暮らしは変わった。「四年前、（ラオス）軍が村にやって来て、山の土地は全部政府が取り上げる、その土地で米をつくるやつはみんな逮捕するって言ったんだ」。クイ族にとって、それは悲劇だった。米をつくる畑は交互に休耕させないと、必要な栄養分がすぐに土から失われてしまうのだ。「今はひとつの畑で農業を続けるために肥料を使わなきゃいけなくて、金がかかる」とボルサイは説明する。

問題は、何世代にもわたって山腹で農業を続けてきたにもかかわらず、クイ族には法的な所有権がなかったことだった。あったとしても、村にはその書類を読める者がだれもいない。政府が策定した二〇〇六年から二〇一〇年までの最新の五カ年計画では、この地域は非識字率が高く、合法な生産物を市場に運ぶ手段がないことから、もっとも開発が難しい地域とされている。ここでは、クイ族はどの畑がだれのものかを、畑の端にある岩や、影を落とす木で見分けている。ずっとそうだったから村で土地をめぐる争いは一度もなく、クイ族にしてみれば、所有権を正式なものにするための書類など必要だったことは一度もなかった。

軍は村人たちにいくばくかの補償金を渡したが、土地の対価は払わなかった。「やつらは、取り上げた畑で俺たちがおこなっていた作業に対する金しかくれなかった。その畑で米を育てていたとすると、植え付けにかかった日数ごとに二〇〇〇キップ（約二五・六円）払われたってことだ。米どころか、土地に対してもなんの補償もなかった」

そして、取り上げられたのは山の上の畑だけではなかった。村人たちが谷底にもっていた一番良い土地も、ゴムの苗床にするために三年契約で中国企業に貸し出された。そこに植えたゴムの苗木は、十分に育ったら山の上へ植え替えるのだ。「その土地は去年返してくれるはずだったけど、中国の会社はまだ返してくれてない。『自分たちの責任じゃない、おまえのところの政府と話をつけろ』ってさ」

村は、大事な墓地までもゴム園に取られてしまった。その対価として受け取った額はわずか一二〇ドル。企業が工場や、事業を運営する中国人技術者用の新居を建てた土地に対しては、三〇ドルが妥当な補償額だと判断された。不服の申し立ては受け付けられないとボルサイは言われたそうだ。政府がなぜ私をここに来させたがらなかったのか、なんとなくわかる気がした。

ボルサイと話していると、彼ら村人たちが、二一世紀という名の危険の前に放り出されているような感覚を覚えた。気に入ろうが入るまいが、変化はやってくる。そして彼らにできることは何もない。ラオス政府は、今進まなければならない道を選んだ。事実上、雇用と引き換えに土地を差し出したのだ。

「昔の暮らしのほうがよかったよ」とボルサイ。「そりゃ、今は金を稼げる。でも経費がずっとかかるようになった。金は米を買うのに使わなきゃいけないのに、バイクだのテレホンカードだの酒だのに使ってしまう」。つい最近ボーテンを見てきたばかりの私は、カジノや売春婦たちがここまでやってくるのも時間の問題だと思った。そうなったとき、ボルサイの金の使い方はどのように変わるのだろう。

ボルサイが話している「金」とは、彼が農業をしていた土地を買い上げた中国企業、ルイフェンで働いて得ている収入だ。昨年、彼と妻は一〇ヘクタール分のゴム園を整備する契約をルイフェンと結んだ。それは、四〇日から四五日分の仕事に相当するはずだった。「去年は危うく期日までに作業が終わらないところだった。だから今年は七ヘクタールだけやってるんだ」

これは、フルタイムで働くことに対する先住民族の考え方について多くを語っている。家族で食べていけるだけの食料を採集する先住民族の考え方と、ゴム園を運営し続けるために求められるフルタイム労働の考え方との間には、文化的な溝があるのだ。

この政策についてラオス政府が言明している目的とは貧困の削減だが、クイの人々と話していると、ゴムがやってくるまで、彼らは貧困や富という概念自体あまり理解していなかったことがよくわかる。その実、彼らはいいように操られて開発へと引きずり込まれ、新しい中国人地主によって意志に反してプロレタリア化されているのだ。

ボルサイは、中国人のボスたちは厳しい親方だ、と言う。作業はしばしば厳しく監視され、正当な理由なく休憩を取った作業員には罰金が科せられる。中国のフォックスコンの工場についてズーが言ったことを思い出すと、まさにうなずける話だ。正当な理由には、トイレ休憩とタバコ休憩が含まれる。「ルイフェンで働く連中の多くが、タバコを吸うようになったよ」とボルサイ。「タバコを吸えば、その分多く休憩できるからな」

植えたばかりのゴムの苗は、生長するまで七年かかる。そこまで育ってようやく樹液が採取でき、車のタイヤやランニングシューズがつくれるようになるのだ。ルイフェンのゴム園は間もなく樹液の採取がはじめられる時期に来ているが、一万ヘクタールすべてが生産可能になってフル稼働できるようになるまでには、まだあと五年はかかると見られている。

村人の細く長い抵抗

私はもちろん、自分が取っている立場が危険をはらんでいることを認識している。欧米人は、自分たち自身のためには変化と物質的な向上を欲しがるが、他人に現状維持を求めがちだ。そしてラオスのこの事例のように、人々の暮らしの変化にデメリットがあると見て取ると、すぐに糾弾する。「昔ながらの暮らし」をしている先住民族を観察しに来る観光客たちは、その暮らしがいつまでも続くことを願うが、大規模なゴム栽培によって生み出される製品を真っ先に欲しがるのもまた彼らなのだ。それに私たちは、地元の住民たちも新しい暮らしを望み、そこからの物質的な恩恵を得たいと思っているかもしれないという事実から目を背けがちでもある。そしてラオスのゴム産業ではもちろん、実際に利益を得ている者もいる。

たとえば、ボンチャンの例を見てみよう。彼は一五歳で、バン・ハド・ニャオに近い村で暮らしている。普段の暮らしはかなりきつい。

「いつもだいたい朝三時に起きるよ。この畑は家から三キロ離れてるから、着くのは三時半。畑にはゴムの木が五〇〇本あるから、ここで四、五時間は樹皮を切るんだ。それが終わったら樹液を回収しに戻って来て、家に帰るのは昼の一時くらい。家に帰ったら四時くらいまでは畑で家族を手伝ったり、新しく木を植えるあたりの雑草を刈ったりしてる。平日は四時半から七時半まで学校に行って英語を勉強して、それで八時から十時まではコンピューターの勉強。家に帰ったらご飯をあったためて食べて、食べ終わるともう十一時近いから寝るんだ。目を覚まして、『ああ、ちゃんと眠れなかったな』って思うことがしょっちゅうあるよ」。この最後の一言とともに、少年は小さく笑った。

まだ暗い午前四時に木から木へと作業して回りながら、ボンチャンは頭にストラップで取りつけた懐中電灯で足元を照らす。一連の作業行程は、すっかり手慣れたものだ。

まず、木の幹にくくりつけた器（半分に切ったココナツの殻）に溜まった昨晩の雨水を捨てる。最後に、前日の樹液が乾いたかすは今日の新鮮な樹液の流れを詰まらせるので、はがし取る。最後に、斜めの刃がついたノミを右手に持ち、樹皮にぐるりと新しい溝を刻む。すると間もなく白い液状のゴムが溝に染み出し、金属の注ぎ口を通って木の幹から空の器へと流れ込む。ボンチャンは器が満たされるに任せて、次の木へと移動していった。

もっとも、夜になると、ゴム園での仕事がきついながらも利益をもたらしていることがわかる。他の事情はどうあれ、今ではコミュニティ・スクールで受ける一晩五〇〇〇キップ（約六五円）の英語の授業料が払えるのだ。バン・ハド・ニャオのゴム園がなければ、ボンチャンは教育費を払うことができず、最終的に自分をもっと高めて教師になるという目標を達成することができない。

とはいえ、ボンチャンの生活と森に暮らすクイの人々の生活との間には、大きな違いがある。彼は、大規模な中国企業のために働いているわけではない。彼の家族が、最近自分たちでゴムの木を植えたのだ。樹液が取れるようになるまでにはまだあと数年かかるので、今のところ、ボンチャンは地元のラオス人農家が所有する農場を手伝っている。父親が植えたゴムの木が生長する頃には、新たな家業を運営するために必要な技術を息子がすでに身につけているというわけだ。

ボンチャンを雇っている農場主は、急速に変化を続けるこの国で自分の生き方を守るラオス人の見事な実例だ。私はバン・ハド・ニャオに建つ平屋の自宅の外で腰掛けに座るこの農場主、ハン・ユアン・スンに会った。

「ラオスでゴムの木を植えたのは、私が初めてだよ」と彼は豪語した。タバコをフィルターぎりぎりまで吸うと、そのフィルターを細かくちぎりはじめた。隣に座る彼の妻は無言のまま、濃い色の布に小さな四角の黄色い布をかぎ針で編み込んでいる。一度も目を上げないが、夫が二人の歴史を話すのをずっと聞いているようだ。

ハンはまた顔を上げ、残されたわずかな歯を見せてつくり笑いを浮かべると、話し続けた。

「北ベトナム政府で働いてたんだが、ベトナム戦争のあとでタイに逃げた。たくさんのモン族が逃げ出したよ。逮捕されるか、もっとひどい目に遭うんじゃないかと恐れたんだ」

ベトナム戦争中、ラオスは公式には中立を保っていたが、ＣＩＡは六万人のモン族を採用してゲリラ軍に組み入れ、地上戦で共産主義者たちと戦わせた。戦争が終わると共産主義者たちは北ベトナム政府を追い出し、モン族は国境を越えてタイの難民キャンプへと逃げ込んだ。ハンはヨーロッパ、アメリカ、あるいは中国への再定住を提示された数万人のうち一人だった。

「故郷からあまり遠くへ離れたくなかったから、中国を選んだんだ」とハン。「中国に到着すると、ゴム栽培の協同組合で仕事をもらって、そのまま一四年間そこで働いた」

ハンの息子たちは、大学へ入る年になると中国の大学に出願した。生まれてからほとんどの時間を中国で過ごしてきたのに、彼らの出願は中国籍がないという理由で中国当局に却下された。「傷ついたよ」とハンは言った。「それで、ラオスに戻ることを考えるようになったんだ」

一九九〇年代前半、ラオスは世界のアヘン生産においてまだ大きな役割を果たしていた。三万ヘクタール以上がアヘン栽培に充てられていたのだ。問題は、農家にもっと社会的損害の少ない仕事へ移行するよう促すため、政府がアヘン撲滅を誓って作物変換政策を採用する一方で、最貧地域の農家は他に何を育てればいいかわからないということだった。

ラオスを離れて一六年後、ハンは同じモン族である地元の長にゴムを植える計画を持ち込んだ。そしてアヘン撲滅計画の下で助成金を受け取り、家族を連れてルアンナムターに移って来た。

「ルアンナムターを選んだのは、ここに自分と同じモン族が暮らしているからだ。でも、ここの地理的条件が中国南部にすごく似ているからでもある。ここでなら、向こうで覚えたのと同じやり方でゴムを栽培できるとわかってたんだ」

ゴムは、栽培が難しい植物だ。植えたら大事に育て、接ぎ木し、植え替える必要がある。繊細な行程で、勉強しなければできるようにはならない。そして生長すると、樹液を慎重に採取し、継続的に樹液が取れ続けるようにしなければならない。こうした技術は中国で何世代にもわたって受け継がれてきたのだが、それがいまやラオス人の手に渡ったのだ。

「この村に初めてやって来たとき、ゴムのことなんかだれも知らなかった」とハン。彼は使える土地をすべてゴムの植林に充て、米は家族で食べる分だけしかつくらなかった。「もちろん、みんな私のことを怪しんでいたよ。ゴムのことは理解できていなかったが、私がやることを注意深く見ていた。そして、やがてうちが樹液を採取して輸出して金に換えるようになると、やり方を教えてくれないかと頼みに来たんだ」

ハンと息子たちは現在、合計二〇ヘクタールのゴム園を所有しており、一七〇〇〇本の木がすでに年間二〇トンの樹液を生み出している。一キロ一〇元という現在の価格なら、二〇万元(三二五万四〇〇〇円)というかなりいい稼ぎになる計算だ。技術を持ち込む代わりに、ハンは村から土地を受け取った。

現在、バン・ハド・ニャオでは全世帯がゴムを栽培している。村は中国の輸入業者と契約を結んでいるが、だれでも好きな相手と交渉することができる。「私は金持ちじゃない」とハンは言う。「どこか中間あたりかな。十分持ってる、とだけ言っておくよ」

村は、協同組合ではない。農家は自分の土地を自分で管理し、なんでも好きな作物を育てて売っていいのだ。だが、どの農家も、徐々にゴム栽培の魅力に引き寄せられていった。そしてバン・ハド・ニャオの農家は、力を合わせれば中国の輸入業者に対してもっと強い交渉力がもてることにも気づいた。協力すれば搾取されにくく、いい値段をつけられる。その上、彼らはさらにいい値段をつけるチャンスも見つけた。

現在、バン・ハド・ニャオの農家は、自前の一次加工工場を建てている。ゴムはいくつもの加工工程を経るのだが、村でその最初の工程をできるようにしたいと考えているのだ。「そうすれば、商品価値が一キロあたり二五元まで跳ね上がるんだ」。ハンは期待をこめて笑みを浮かべた。だれもが同じ金額を工場のために提供できたわけではないので、まずは費用を回収して、そのあとでバン・ハド・ニャオのみんなが利益を得られるようにする、というのが計画だ。

そして、ここが肝心なところだ。先進国の私たちは、伝統的農業が失われてゴム産業が台頭していることを嘆くかもしれない。だが、少なくともハンのような人々は、自分の運命を自分で決めている。ハンは自力で向上し、自分のためだけでなく、地域社会のためにも活動している。

「中国の会社がどんどんラオスに入って来てるのが心配だよ」とハンは言う。「あれだけの木の世話をするのに必要な人手を、どこから見つけて来るつもりなんだろう?」ゴム園が本格的な生産を開始すると、一ヘクタールあたり五人から一〇人の労働力を要する。すでに中国企業に移譲された土地をすべて足すと、一〇〇万人以上の労働力が必要になる計算だ。

「ラオスに中国人を一〇〇万人連れて来るって言うのか?」とハン。「そうしたら、私たちの文化はどうなるだろうな?」

倫理は贅沢?

現在、中国は欧米諸国が提供するものとは異なる投資パッケージを持ち込んでいる。人権や民主的理想、環境保護などへの準拠が求められるような条件を伴わないものだ。代わりに、中国はラオスの国立競技場のように、重要な文化的・公的施設の建設を通じて対象国政府との関係を構築している。関係構築を目的とした、「友情の証」だ。

ラオスのような発展途上国にとって真の課題は、大きく依存している外国からの援助や投資を獲得していく一方で、中国企業が自国の規制を無視したり中国でも違法となるような方法で自国民を搾取したりしないよう厳しく取り締まる力をもつことだ。

すでに、少なくとも一五万ヘクタールの土地が三〇年から五〇年の期間、割安価格な上に大型の税控除つきで中国の投資家たちに移譲されている。ラオス政府は開発促進に躍起になるあまり、自らを格安で叩き売ってしまいかねない勢いだ。ゴム園が村の農地や周辺の森林に侵入し、伝統的な暮らしをほとんどなんの補償もなく取り上げるようになるにつれ、地元住民との土地をめぐる争いも起きはじめている。これはまさに発展の代償と言えるかもしれない。だが見返りはなんなのだろう?

こうした投資による環境的・社会的影響の他に、ラオスの人々はこの開発によってどんな利益を得るのだろう？　仕事や自由に使える収入、というのが政府の言い分だ。地元住民が欲しいと言ったのは、そういうものだろうか？　安定した仕事と安定した収入？　もっと経験豊富でもっと強い勤労意欲をもち、雇い主と同じ言語を話す中国からの出稼ぎ労働者たちがラオス人たちからその仕事を奪わないという保証は、どこにあるのだろう？

ラオスにとってもうひとつの危険は、中国の投資家たちが投資に対して早く利益を得たがることであり、現在の取り決めでは中国からの労働力の持ち込みが自由におこなえるようになっていることだ。だから、ラオスの人々が中国企業のために効率的に働くというカルチャーギャップに順応できない可能性がかなり高い以上、中国企業が必要だとみなせば、仕事を早く片づけるために中国人労働者が大量流入するという結末になりかねない。

中国から援助を受けている世界中のいくつもの国がそうであるように、ラオスが北側の巨大な隣国に売る必要があるのは商品だけだ。そして、引き換えに買っているのは主に中国の技術、機材、消費財。ほとんどが品質の低いものばかりだが、現地の貧しい消費者でも手が届く範囲だ。メコン川沿いの三カ国――ラオス、カンボジア、ベトナムでは、非公式（あるいは違法な）商品売買が横行している。たとえば、ベトナム政府の高官によると、中国に輸出される石炭とゴムの大半が闇で取引されており、国に関税も支払われていなければ正確な輸出量や額の記録もないということだ。

もちろん、中国だけがルールを守っていない国だというわけではない。この地域で活動するNGOの活動家たちは、マレーシアや韓国、ロシアの企業にも同じように倫理的配慮を無視している事例があると言うが、それにしても中国からの投資は群を抜いている。中国で車の需要が伸び続けて年間二〇〇〇万台に達する中、天然ゴムに対する中国の需要は二〇二〇年までに世界の天然ゴム総生産量の約三〇パーセントにもなる年間一一五〇万トンに達すると見られている。

さらに、中国からの投資には二つの面がある。急増しつつある個人投資と、ほぼ無尽蔵な資金源をもつ政府投資だ。そして、ラオスは中国がこのやり方で取引している唯一の国ではない。ここではラオスとゴム貿易に注目したが、西アフリカと中南米での漁業権や、ペルーとアフガニスタンでの銅採掘を取り上げても同様のことは容易に語れる。

輸出景気で巨額のドル準備金を蓄えた中国は、その資金を外国の天然資源へ投資しようと思うようになっている。二〇〇四年に「走出去《ゾウチュチィ》」政策を発表して以来、中国の目的は、世界に目を向けることで地方における天然資源の不足を補おうというものだ。このため、政府が主導するこの新たな投資戦略は、急成長を支えるのに必要な資源を果敢に探し求めに行くよう、中国企業を支援してきた。

中国の政治家たちは、自国の投資戦略を通じても、民間企業に課される法律を通じても、より大きな社会的責任を引き受けるのを嫌がっている。中国高官はしばしば、中国の発展においてそのような倫理的なことを配慮するのはまだ早いと言う。倫理は、裕福な欧米諸国だけに許された贅沢なのだ、と。欧米の私たちは自分たちの帝国の特権を享受したのだから、なぜ中国も同じようにしていけないのだ、というのが言い分だ。

どうやら、一九世紀における帝国建設の人的犠牲が、また繰り返されようとしているようだ。

だが、中国だけにその責任を負わせることはできない。先進国の大手企業も共犯だ。中国で工業製品がつくられる環境に見て見ぬふりをしてきたように、原材料がどのように生産されているかについて彼ら大手企業が疑義を唱えることは稀なのだ。ゴムが車のタイヤやトレーニングシューズに形を変えるまでには多くの工程を経るため、事情を知らない者がそのサプライチェーンをたどることは難しい。だが欧米の製造業者にはそれができるし、するべきだ。

それが経済的利益にかかわる場合、欧米企業はこうした追跡をすぐにおこなう。特にゴムは重い素材なので、輸送費が高くなる。だから、世界最大のタイヤメーカーであるブリヂストンが最近、国境を越えてすぐの所にある勐臘《メンラ》に加工場をつくったのも不思議はない。表向き、ブリヂストンは社会的責任に対して強い立場を取っている。「ブリヂストンは、単なる企業ではありません。弊社は社会の一部であり、すべての人々の暮らしを良くするために果たすべき重要な役割があると信じています」（www.bridgestone.com、二〇一〇年）

その「すべての人々」に、ラオス北部の人々も含まれていることを願おう。

ラオスで見てきたことは、倫理的な消費者がお気に入りの製品の出自をたどることの難しさを私に気づかせた。しかも、ラオスは少なくとも情勢が比較的安定している国なのだ。私は、もし紛争に支配された地域で何かの原料が生産されていたら、状況はどれだけひどいのだろうと思いはじめた。そしてこの目で見るためにもっと奥へ、資本主義のもっとも危険な前線へと旅を続けることにした。

5

私が鉱石を買わなかったら、彼らはどうやって食っていくんだ?

虚報《デマ》の鉱山《ヤマ》
コンゴ・南キヴ

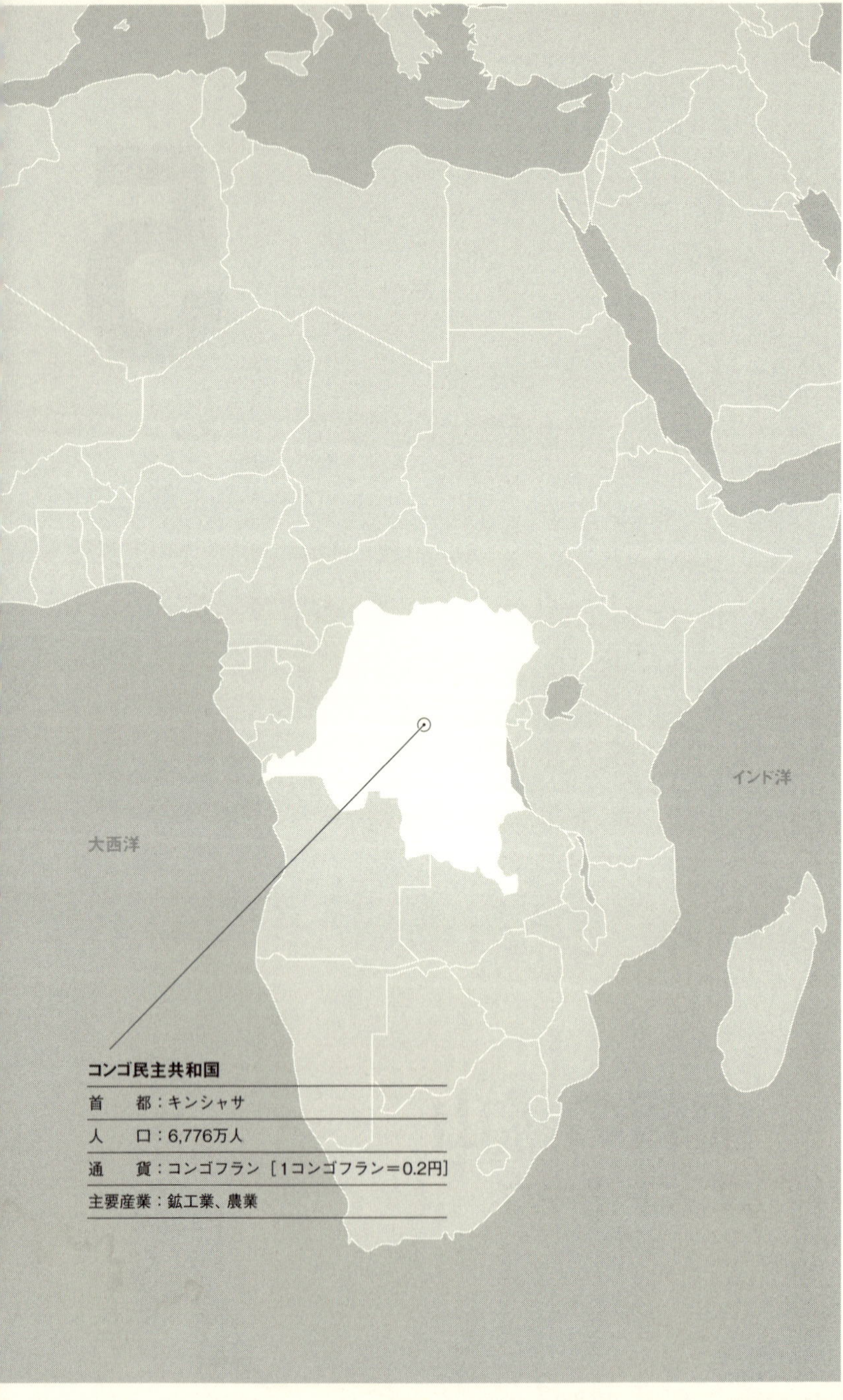

コンゴ民主共和国

首　都：キンシャサ

人　口：6,776万人

通　貨：コンゴフラン［1コンゴフラン＝0.2円］

主要産業：鉱工業、農業

追い求めていた感覚

キカと私は、コンゴの鉱山の坑道入口でしゃがみ込んでいた。中では、ボニフェスが振り返って私たちや他の作業員たちを見ている。だれもが作業の手を止めていた。

キカは私がいることで見るからに興奮していて、注目の的となっていることに大喜びだ。私を坑内に入らせたがり、せわしく手を振って前へ行けと促した。彼のおしゃべりは止まることがない。

「一〇人のグループなら簡単に一〇トン掘り出せる。二〇トンだっていける。石を砕くのにハンマーを使ってさ。大きな石を見つけたらこうするんだ……」ぴょんぴょんと飛び跳ねて、手に持ったハンマーとピックで岩を打つ動きをしてみせる。「そうすりゃみんながハッピーさ」

私は、中の空間がどんな感じかを見るために「ちょっと覗く」だけならいいと言った。入り口を支える梁の下をくぐるのに低く身をかがめなければならなかったが、そこから先はもう少し楽に腰を低くし、這うようにして中へ入ることができた。キカが後ろに続く。ボニフェスはすぐに向き直り、もう少し先へと素早く進んでいった。「ついていきなよ」とキカが言い、懐中電灯を振る。

坑道の奥は暗く、天井は腰よりちょっと上までの高さしかなくて狭苦しい。外にいるときよりもずっと呼吸が苦しいことにすぐ気づいた。可能な限り低くしゃがんだまま、私はバランスを取るために両手を地面につき、完全に鉱山の中へ入ったと思える位置まで一歩ずつよたよたと前進した。振り向いて、入り口からの光がもう小さく見えることに驚く。前へ向き直ると、すべてが闇の中だった。

次に何をすればいいかわからずに大きく息をつくと、キカが笑った。天井はさらに低くなり、これ以上は無理だというくらい低く体をかがめていても、頭がこすれて天井から土を掻き落とす。幅も入り口よりさらに狭くなり、腕を動かせるだけの十分な空間もない。懐中電灯が放つ光はごく弱く、方向はわかるが先のほうはほとんど見えない。

私はファスナーつきのポケットに手を入れ、オートフォーカスの小型カメラを取り出した。闇の中でシャッターを長押しすると電子音が鳴り、フラッシュが一瞬、トンネルの中を照らす。ひっくり返して液晶画面を確認すると、今いる場所の全容が、鮮明なデジタル画像で突如として判明した。

トンネルの床は軟らかくきめ細かい焦げ茶色の土だが、壁は赤やオレンジの岩が炎のようなグラデーションを成している。トンネルに沿って一メートルから一・二メートルくらいの間隔で、木の幹や枝を縦に二本、水平に一本渡しただけの雑なつくりの支柱がしつらえられ、天井を支えている。支柱は曲がって不格好な形になっており、坑道を流れる湿った空気のせいで表面が少し剥がれている。カメラは、土の上にうずくまってこちらを振り向いているボニフェスの顔を捉えていた。彼の背後にフラッシュが照らし出せたのはもう四本の支柱だけで、おそらくは四・五メートル程度の距離だろう。

「ずっと奥までは行かないよ」と私はキカに言った。彼がまた笑う。気がつくと私も笑っていたが、それは恐怖に対抗するためだ。キカがなぜ笑っているのかはよくわからない。もしかしたら、鉱山の坑道に白人《ムズング》がいる光景が、彼にとってはちょっとシュールに思えるのかもしれない。わからない。だが、先へ進むよう迫られているような気になった。

「コナー、どこにいるんだ?」私が雇った通訳のアマニの声だった。彼は中に入らないと言ったのだが、坑道の入り口にいる作業員たちが彼を責め立て、私が大丈夫かどうかを確認しに来させたのだ。私と一緒に来なかったことを責められていたたまれなくなったアマニは地下深くまで下りて来たのだが、怖がっているのが声の震えから感じとれた。

私はさらに二〇メートル前進し、坑道が急にがくりと右へ折れている場所までたどり着いた。「ここまで来れば十分だと思うよ」とまた言ってみる。坑道は何キロも何キロも、ただひたすら続いているように思えた。キカが追いついてきて、私はまた写真を撮った。今度は、液晶画面からは何も読み取れなかった。これまでは役に立ってくれたが、角を曲がった向こうまでは見えないのだ。「もっと先に行きたいかい?」とキカが聞く。もっと見せたがっているのは一目瞭然だ。キカがアマニにスワヒリ語で何か叫び、なんと言ったにせよ、アマニは奥まで進むことに同意したようだった。「そんなに遠くないよ。曲がってすぐだ」

「わかった。見てみよう」。運命に身を任せ、私は頷いた。

「俺も一緒に行くか?」と聞くアマニの声は、怯えきった子どものようだった。

「もし良ければ」と私。

私が四つん這いになって移動をはじめようとしたときにちょうどアマニが追いついてきて、私に手をかけた。「コナー、俺は怖い」

「僕も怖いよ、アマニ」

私はまた笑っていた。もちろん怖いに決まっている。こう言っている自分の声が聞こえた。

「僕はこのくそいまいましい本を書くために死ぬんだな」

後に、私はこのときずっと回し続けていたボイスレコーダーに録音されたこのセリフを何度も再生した。自分の声に滲む恐怖を聞き、その声の中に、すなわち自分自身の中に、ボニフェスの懐中電灯が放つ薄明かりに沿ってあの暗く狭く危険なトンネルを下り続けた理由を探していたのだ。

自分が追い求めていたのは、感覚だったのだと思う。前を行くボニフェスのような男たちが、生活のために命がけでこの汗臭く、汚い死刑執行室へと地中深く潜るたびに当然感じるはずだがもはや感じなくなってしまった感覚を、ほんの束の間でも感じたかったのだ。

こうなったら、この鉱山の採掘面を見ずにはいられない。ここまで来てしまったのだ。一度でも見なかったら、ここの作業員たちが毎日どんなことをしているのか、どうやって理解できるというのだ？　私は笑ったが、それは自衛本能の働きに過ぎなかった。実際には、前進し続けるために恐怖を遮断していたのだった。

トンネルが極端に低く、狭くなり、体を潜り込ませるのもやっとの状態になってきたので、私は両手と膝をついて進んでいた。アマニが恐怖に駆られ（あるいは正気に戻り）、前進を止める。私は、ボニフェスの懐中電灯の弱い光を頼りに進み続けた。空気が重く、湿っぽくなってきて、息が上がる。

私はまた止まった。こんなのは正気の沙汰じゃない。声を張り上げて、アマニが止まった地点から自分がどのくらい進んだか確認した。少なくとも二〇メートルは来ていた。キカも一緒だ。すぐ後ろについている。「あと二〇メートルだよ」と言う。彼も、さすがに少し息を荒くしていた。「くそ、知るか。やっちまおう」と言う自分の声が聞こえた。

どうやら、バカなことをしようとするのを止める脳の一部の機能を、自分で停止させてしまったらしい。もう、ボニフェスに追いつくまでは立ち止まらないぞ。頭を下げ、這い進んでいくと突然、ボニフェスが目的地に到着した。私にも見えた。

ボニフェスは、濁った泥水の中にしゃがみ込んでいた。彼を取り囲んでいるのが、鉱山の採掘面だ。信じられないくらい見事な赤や黄色やオレンジの縞模様に彩られた岩の丸天井は、巨大なキャンディの包み紙の内側にいるような感覚を与える。ボニフェスがピックの先端で、天井から床まで縦に走る漆黒の石の筋へと私の視線を導いた。

「スズ石だ」と言い、笑みを浮かべて頷く。そして石に向き直ると、岩にハンマーでピックを打ち込みはじめた。剥がれた欠片が、汚れた水溜りの中へ落ちていく。ボニフェスは足を踏ん張り、腕を振り上げてハンマーをピックに強く叩きつけ、位置を調整するために少しだけ体をもち上げると、また力強くハンマーを振り下ろした。

唐突に、再び恐怖に襲われる。岩が壁から剥がれ落ちていく光景は、ことのほか私を不安にさせた。ここから出たい。ハンマーがピックを打つすさまじい音のせいで、めまいがして気分が悪くなってきた。

作業員にとってはこれこそ、彼らが鈍感にならなければやっていけない恐怖なのだ。彼らは死の恐怖を脇に追いやり、生活のために毎日この場所へ来なければならないのだから。どのような危険があるかはだれよりもわかっているが、彼らに選択の余地はない。唯一の生計を立てる手段がここにしかないというのが現実なのだ。ジャングルの奥深く、激しい嵐が前触れもなく襲いかかってきてものの数分で大量の雨を降らせ、地滑りを引き起こして、自分たちを生き埋めにしてしまうかもしれないようなこの場所にしか。

私は、薄明かりの中で岩を削り続けるボニフェスの写真をもう一枚撮った。どんな細かい情報も忘れたくなかったからだ。そして、向きを変えて出口へと這い戻っていった。

無事に外へ戻ってきたとき、私は泥まみれで激しくあえいでいた。トンネルを這い上がりながら、それまで考えもしなかった重要な疑問が頭に浮かんだ。ここで作業する男たちは、自分が売った鉱石がその後どうなるのかについて、どれだけ知っているのだろう？ 世界経済を動かす電子機器のサプライチェーンの中でその鉱石が果たしているきわめて重要な役割について、どの程度理解しているのだろう？

「こういう採掘物が何に使われるのか、俺たちは知らないよ」とキカは笑った。「あんたの国で使われてるってことしか知らない」。彼は私の質問をスワヒリ語に訳して、仲間たちの意見を聞いてくれた。その一人、ジャン＝クロードが、他の仲間に確認してから答えた。「コルタン（携帯電話の製造に欠かせない別の鉱石）がモトローラの携帯電話に使われるって聞いたことがあるが、本当かどうかは知らない。スズ石は、たぶん錠前とか鍋とかをつくるのに使われるんじゃないかな」。すると、ジャン＝クロードの言っていることが正解かどうかを確認しようと、全員が一斉に私を振り向いた。

私たちは、帰還するべくジャングルの中を歩き出した。ねっとりと濡れて重たいオレンジ色の泥が露出した巨大な穴の淵を、一列になって歩く。下のほうでは、白いナイロンのランニングパンツしか身に着けていない筋肉質な若い男性が土を掘り出していた。その傍らにいた彼の相棒が、顔を上げて私を見る。彼はキカに、前夜の雨で地滑りが起きて、坑道への入り口が埋まってしまったのだと説明した。

私はイギリスで、鉱山で仲間を失ったという元鉱山作業員たちに会ったことがある。キカも彼らと同じだ。「鉱山での友情は、故郷の友情や家族愛よりも強いんだ」。立ち止まり、沼地のような場所をどう渡るのが一番いいかを検討していると、キカがまた口を開いた。「ときどき、坑道が崩れて生き埋めになっても、一緒に坑道にいた仲間は逃げないことがある。残って、生き埋めになった仲間を探すんだ」。だが、これほど強い絆があっても、ツルハシやシャベルではどうにもならないこともある。「重たい石の下に埋まってしまって、遺体を見つけるのさえ難しい場合だってある。そんなことが何回もあった。もう何人も友だちを亡くしてしまったよ、生涯の仲間を」

幸いなことに今日はだれも行方不明になってはいないが、男たちは鉱山での作業を再開するため、朝からずっと入り口を掘っていたのだった。作業員たちが使っている道具はあまりに原始的で、このうっそうとしたジャングルのどこに貴重な鉱石があるかがわかること自体、奇跡としか思えない。こういう場所は、地質学の調査員が鉱山会社に雇われて、何カ月もかけて調査するような所だ。「ここは、ベルギー人たちが掘ってた鉱山だよ」とキカは言った。「一九六〇年の独立以来、だれも作業してなかった。俺たちはスズ石を採るために、二年前からまた掘りはじめたんだ」

作業員たちの中に、一人だけやや年配の男性がいた。年齢を聞くと、もう五〇歳近いという。「これが俺の仕事だよ。俺は採鉱をしながら育ったんだ」。この仕事が、一〇人の子をもつ彼の生活を支えてきた。

「ベルギー人たちが去った直後の鉱山の様子は覚えている。俺の親父が地下で働いてたとき、よく鉱山に来たもんだ。ベルギー人たちは、鉱石を運び出しやすいようにレールを敷いていた。だが今はバケツリレーで手から手へと渡さなきゃいけない。ずっと危険な方法だ。それに、ベルギー人がいた頃は、坑道に溜まった水を汲み出すための発電機もあった。水が溜まると地滑りを引き起こすからな。ベルギー人の器材がまだ使えた頃と比べて、今の鉱山はずっと危険になっている」

製造、そして技術、通信と、世界中が著しく発展していた過去五〇年の間に、ここアフリカの中心部では物事が着実に後退していった。一九五〇年代の植民地時代のベルギー人採鉱業者でさえ、現代の二一世紀のコンゴ人たちよりもはるかに安全に採鉱できていた。健康や安全に関する規制が一切ないのは、この地域に欧米の大規模な採掘業者が不在である証拠だ。大手欧米企業が管理する鉱山では健康や安全に配慮した作業工程が組まれ、安定した収入と、場合によっては住居も提供される。だが欧米企業は、善玉からも悪玉からも、この地には近づかないようにと警告されている。

これは、ラオスで起こっている現実とは似ても似つかない。原材料が調達されている方法のためだけではない。ラオスは決して理想郷とはいえないが、コンゴに比べればずっとましだ。少なくとも政治的には安定していて、平和だからだ。一方コンゴは、完全に機能が崩壊しているように見える。安全な場所などどこにもない。鉱山作業員たちは地下で恐ろしい危険を冒しており、地上に戻っても状況がそれほどましというわけではない。

キカの村では、新しく建てられた家の脇に、何軒もの燃え落ちた家の残骸が残っている。立ちつくして焼け焦げた地面を見下ろしていると、キカがそばへやって来た。「俺たちは戦争が終わったばかりで、まだ戦争中でもある」と言う。「ここの住民は、ＦＤＬＲ（ルワンダ解放民主軍）に家を全部焼かれちまったから不安なんだ。それで身を隠すためにあっちのジャングルへと逃げ込んでいった」。彼の指が、目の前に広がる深い森のほうを指して弧を描いた。「俺たちの家は破壊された。大事な貴重品も壊された。女たちはレイプされて、牛は盗まれた。それでもやつらはまだここにいる。ＦＤＬＲはどんなに深いジャングルの中にもいるし、鉱山の中にもいる。コンゴ軍よりも道をよく知ってるんだ。コンゴ軍の兵士たちは、ジャングルの中では奴ら相手に勝ち目なんかない」

だがさしあたり、キカにとってこれ以上ましな状態がないということは、私にも彼にもわかっていた。二人して視線を落とし、黒焦げの地面を見つめる。キカは煤に汚れた日干しレンガのかけらを無意識にウェリントン・ブーツの先で転がしていたが、やがてそれを蹴飛ばした。私たちはそのまま、黙ってそこに立っていた。

奪えるものを奪う

これまでの歴史の中で、コンゴは人類の苦難を幾度となく経験してきた。現在も続く問題がはじまったのは一九九四年、たったの一〇〇日ほどの間に、九〇万人ものツチ族が虐殺されたルワンダ虐殺のときだ。権力を握ったフツ族指導者たちは長期間その座に留まることができず、ツチ族がすぐに権力を奪回した。自らの残虐行為に対する報復を恐れたフツ族は数万人単位で逃げ出し、国境を越えてコンゴ東部の難民キャンプへと避難した。

その翌年、ローラン・カビラという名の若いコンゴ人兵士が、悪名高き暴君モブツ・セセ・セコ大統領の転覆を図ってコンゴ東部で軍隊を組織した。隣国ウガンダとルワンダの支援を受け、コンゴ人解放という名目の下、一九九六年一〇月に連合軍は国境を越えた。だがあいにく、ルワンダ軍には別の目的があった。コンゴに隠れているフツ族への復讐だ。コンゴ東部から西へと移動する途中、カビラ・ルワンダ連合軍は難民キャンプを襲撃し、何千人ものフツ人の男性、女性、そして子どもたちを虐殺していった。キャンプの人々は、逃げ出してコンゴのジャングルに身を隠すほかなかった。やがて彼らは再び集結し、自ら武装勢力を立ち上げた。FDLR（ルワンダ解放民主軍、現地の公用語であるフランス語で Forces démocratiques de libération du Rwanda）だ。

「アフリカの世界大戦」が二〇〇三年に終結する頃には、推定五〇〇万人の命が失われていた。コンゴの隣国たちは軍を撤退させることに同意したが、FDLRだけは後に残った。いつかはルワンダを「解放」しに戻るという決意をまだ捨てず、コンゴのジャングルに潜んで機会を待ち続けたのだ。この間、国をもたない軍隊、FDLRは、民間人に対して数限りない残虐行為を繰り返した。とりわけ、レイプは新たな戦法となり、何万人もの東部コンゴ人女性や少女たちが組織的に誘拐され、レイプされ、地元集落の人々に恐怖を植え付けるために手足を切断された。

コンゴのジャングルにおけるFDLRの存在は、しばしば、コンゴの国民を守ると主張する独立系武装組織の結成を正当化してきた。そのうちもっとも新しい組織がCNDP（人民防衛国民会議、Congrès national pour la défense du peuple）だ。他の多くのグループと同様、ＣＮＤＰも極端な暴力と恐怖を用いて自らの地位を確立してきた。先人たちと同じく、彼らには軍事的・政治的に高い地位が与えられ、さらには鉱物資源が豊富な土地の支配権も与えられた。その結果、民間人に対するもっとも残虐な行為をおこなったと糾弾される人々が政府軍を構成する事態となってしまった。

二〇〇九年にＣＮＤＰが他の武装集団に続いてコンゴ政府軍に統合されたとき、南キヴ州の大部分が報酬として与えられた。この不処罰の制度が、レイプや殺人に報酬を与えるというおぞましい文化を生んだのだ。

北キヴ州の州都ゴマで元ＦＤＬＲ戦闘員の武装解除をおこなうために国連が設置した小さな拠点を訪れたとき、コンゴにおけるこの無法状態と残忍性がはっきりと感じられた。

キヴ湖のほとり、かつてモブツ大統領の夏の別荘だった建物の残骸が残るその向かいに設置された小さなテントが国連の拠点だ。捕虜となった、あるいは自ら投降した元ＦＤＬＲ戦闘員たちが、ここで武装解除される。国連とルワンダ政府が共同で実施しているこの活動は、戦闘員たちをルワンダに帰国させ、職業訓練を受けさせ、家や仕事を提供することを目的としている。

国際連合コンゴ共和国ミッション（ＭＯＮＵＣ）が発表した統計によると、二〇〇九年には一五〇〇人以上の戦闘員とその家族が母国に送還されたそうだ。コンゴのジャングルに潜む殺人者予備軍が一五〇〇人減った計算になるが、残念ながら、人の流れは両方向だ。コンゴのジャングルが提供する富は今も、ＦＤＬＲに加わって鉱物貿易で利益を得ようというさらに多くの若いルワンダ人たちをコンゴに招き寄せている。

国連のテントは宿営地のように整然と配置されているので、一見すると軍事キャンプのように見える。敷地を囲む有刺鉄線にワンピースや子ども服が干してあるのが、軍事キャンプとは違うところだ。警備は外のためというよりも中の人々を守るためのものだ。ここにＦＤＬＲ兵がいることを地元のコンゴ人たちが知ったら、間違いなく大喜びで全員をリンチにかけるだろう。

サフィナは一四年前、一七歳でＦＤＬＲに加わったときからその戦争用偽名《ノム・ド・ゲール》を使っている。今、私と向かい合ってベッドの上でくつろぐ彼が履いている緑色のゴムサンダルは、ＦＣバルセロナのチームＴシャツにはよく似合うが、チェック柄のゴルフパンツとはどうにも合っていない。頭には、野球帽をぴっちりとかぶっている。目は漆黒で、小さな口ひげを生やしており、口の脇から幅の広い鼻まで一直線に、大きな目立つ傷が走っていた。民間人をレイプしたり殺害したりしてきたというＦＤＬＲ戦闘員の話を聞いていただけに、こうして宿舎で気軽におしゃべりする二人の兵士のように座っていると、奇妙な親密さが感じられた。

私たちは、テントの外で大きなうなりを上げる発電機の音と、屋外でだれかが揚げている肉が油をはねる音を聞きながら話していた。肉の匂いと薪の燃える匂いがテントに漂う中、サフィナはルワンダ虐殺の直後にFDLRに加わった経緯について話してくれた。

「FDLRに入ったのは、殺された両親の仇を取って、ルワンダを殺戮者たちから解放するためだった。でも今は、自分の家族を第一に考えなきゃいけない」。サフィナの妻は最近捕らえられ、ルワンダに強制送還された。そこで彼は武器を置き、子どもたちを連れて妻のもとへ帰ることにしたのだ。「あっちで新しい人生をはじめる」と彼は言った。「ルワンダに帰ったら、ビジネスマンになるんだ」

FDLRは、サフィナに人の殺し方以上の教育を施した。「キャンプでは、いろんなことを勉強した。軍事戦略、兵站術、国際的な人権の概念のことまで教えられたけど、それだけじゃなく、自活もできなきゃいけなかった」

現在もコンゴ内で活動を続けるFDLR兵が何人いるか、正確なところはだれにもわからない。だが、戦闘員の数は六〇〇〇人から一万二〇〇〇人と推定されている。彼らは常に武器や住居、食事を必要としており、それには金がかかる。国をもたない軍隊として、彼らは外部からの資金援助は受けていない。必要な資金はすべて、コンゴ国内で調達しなければならないのだ。したがって、ＦＤＬＲは企業のように運営される必要があり、サフィナのような将校たちは、上司の役割を果たしていた。

「部下の兵士たちを村に送り込んだら、そいつらは組織のために何か利益をもって帰ってこなきゃいけない。それができなければ罰を受けるんだ」。カラシニコフのＡＫ－四七突撃銃で武装した若い男たちの集団がそんな命令を受けてジャングルの奥にある僻村に送り込まれたら、どうやって稼ぎを得るかは想像に難くない。ＦＤＬＲは、住民が採鉱で現金収入を得ている僻村で封建的支配をおこなっていた。恐怖と殺人、暴力、レイプを武器に、利益を搾り取っていたのだ。

ジャングルで、ＦＤＬＲは自分たちをコンゴという織物の柄として織り込んだ。彼らは金を稼ぐためにここにいて、それがうまくいくから留まっているのだ。ＦＤＬＲ兵はしばしば、コンゴ人女性を妻にする。彼女たちなら町の市場に簡単に出入りできて、夫たちが略奪してきた鉱石を売り払い、必要な物資や食料を持って帰って来られるからだ。サフィナのように、彼らも自分たちを商人だと思っている。名目上彼らの敵であるコンゴ兵が正当であるのと同じくらい、彼らも正当に金を稼いでいるというわけだ。

そして、この現状が続く限り、さらには彼らの「商品」に対する需要が欧米に存在する限り、彼らにとってはそれがますますあたりまえのことになっていく。

サフィナには、九五人の部下がいた。今、彼は自分が置かれている国連キャンプという環境を十分理解しているようだ。「いや、民間人に対する略奪や殺害を命令したことはない。だがもちろん……」と、まるで自分の無実を証明するかのように両手を開いて差し出した。「若い兵士の中には、そういうことをする連中もいた……」その声は小さくなり、視線が遠くをさまよった。話したくはない何かのことを思い出しているような表情だった。

そして足元に目を落とすと、言葉を続けた。「仮に民間人を殺したんだとしても、ルワンダに送還されたら、国際社会がそういうやつを見つけて罰を与えるだろう」。どうやら、ジャングルで受けた人権教育では、これ以上何も言わないほうがいいと学んできたらしい。FDLRにいる間にしてきた行為に対して、後悔や罪悪感を覚えているかどうか聞いてみた。すると、再び笑みを浮かべ、彼は首を振った。「いや。まったくない」

この一〇年間の戦争でもっとも残虐な側面のひとつが、そこで戦う武装勢力の多くに資金源がまったくなかったことだ、と私は気づいた。金やコルタン、スズ石が豊富な土地で自給自足を余儀なくされた軍は当然、収益を上げるためにそうした資源を搾取するだろう。飢えた兵士たちは、食料を持つ者から奪うだろう。自分たちが坑道を下りていかなくとも、だれかが採鉱している地域を縄張りにして、奪えるものを奪えばいいのだ。

黒光りする私欲

日常的に、気軽にとさえいえるほど頻繁に起こる恐ろしい残虐行為は、キカのような鉱山作業員たちが生命の危険を冒してでも地下でスズ石を掘り出す理由を十分に説明している。たしかに、彼らは地滑りで死ぬかもしれない。だがＦＤＬＲが獲物を略奪しにきたときに、夜襲で命を落とす可能性も同じくらい高いのだ。

「怖いけど、他に金を稼ぐ方法がないからどうしようもない」。キカの口調があまりに落ち着いているので、逆に私は落ち着かなくなった。「鉱山に戻るしかないんだ。運が悪ければそこで死ぬ。運が良ければ、金を稼いで暮らしていける」

キカは、自分で計算した。ここでは命の価値が低いどころか、まったくない。それなら、無駄に死ぬ可能性を取るよりも、何かを手に入れるために死ぬほうがましだと考えたのだ。私の困惑を感じ取ったのか、キカは歩みを止めて振り向いた。「俺たちはこの仕事が気に入ってる。鉱山作業員には丈夫な体が必要だから、いっぱい飯を食わせなきゃいけない」。ボディービルダーのように力こぶをつくり、安心させるように微笑んでみせる。「いい仕事だよ」

通訳のアマニとキカ、そして彼の友人以外に、今回の取材旅行には三人のＣＮＤＰ兵が同行していた。

この地域は現在、正式なコンゴ政府軍であるＦＲＤＣの支配下にある。最近の取り決めにより、彼らのかつての敵であったＣＮＤＰも政府軍に組み入れられた。したがって、少なくとも名目上、彼らは同じ側についていることになる。

キカたち鉱山作業員はＦＤＬＲから守ってもらえるわけだが、それは対価を伴う。この地における鉱山作業員にとっての現実とは、常にだれかに何か払わなければならない、というものだ。ＦＤＬＲでなければ、他のだれかに。この地域を監督するＣＮＤＰの大佐は、鉱山から作業員たちが掘り出すすべてのスズ石に税金を課している。それは表向きは「違法」だが、キカがだれに苦情を言えるというのだろう？

こうしたことすべてが、欧米消費者の関心や懸念とはかけ離れた話のように思えるかもしれない。そして、キカたちが命をかけて掘っている資源がなければ、実際にかけ離れたまま終わってしまうだろう。スズ石はあまり知られていない鉱物だが、私たちのほとんどが、毎日のように使っているものだ。スズ石は、携帯電話やノートＰＣ、その他無数の電子機器の回路基板を溶接する際に使われる錫の原料だ。量の多少にかかわらず、それが採れるのはごく限られた国だけで、そのうちコンゴはアフリカ最大の産出国だ。なんと、世界でも第五位に入る。数十億ドルもの規模をもつ世界の電子機器産業は、スズ石がなければまったく立ち行かないと言っても過言ではない。

そして、ここに倫理的ジレンマが生まれる。私たちはスズ石を必要としている。だが、人権がここまで徹底的にひどい状態にある国と取引をしてもいいのだろうか？　国連はそうは思っていない。コンゴ産の鉱石の取引を禁止する呼びかけを、国連は幾度となく支持している。原則はそれで結構かもしれないが、だれもが欲しがる物をどこかの国がもっていると、公式な方針の裏をかく方法は常にあるものだ。

コンゴ入りしてからずっと、コンゴの人々の口に上り続けている名前があった。最近の国連報告書で、紛争鉱物貿易の中心にいる人物として挙げられている鉱石輸出業者だ。この貿易の本当の仕組みを知りたければ、国の東側にあるブカヴという街へ行って彼に会え、と言われた。パンジュというその人物に、私は会わなければならないのだ。

「だれが彼らを食わせるんだ？」

ブカヴは、遠くから見るのが一番だと言わざるを得ない。そう、一〇〇メートル以上は離れて見たほうがいいだろう。そうすれば、未舗装の泥道に穿たれた深い溝や建物の荒廃ぶり、通りに散らばるゴミが見えない。代わりに、見えるのは「全体像」――穏やかなキヴ湖に張り出した五つの半島から成る絵のように美しい丘の中腹に立つ、人口およそ五〇万の街の姿だ。遠くから見ると、荒れ果てた古い植民地時代の建物にもそれなりの雰囲気がある。気品と魅力さえ感じられる気がする。

まだ手に入る最高級の不動産を裕福なコンゴ人が買うようになって、近代的な豪邸も次々に新築されつつある。新たな富の源の存在がうかがえるが、実際にはその出どころは同じ、コンゴ東部の鉱山だ。ただ、鉱石から利益を得ている人々は違ってきている。

ブカヴは戦争の産物で、犯罪と汚物、腐敗の街だ。あまりに貧しいので、タクシーが丘を下るときには運転手が燃料節約のためにエンジンを切るくらいだ。道路はいたるところ穴だらけで、車は常に穴を避けながら進まなければならない。「ここでは、道路のどっち側を走るんだ?」タクシーに乗っていたとき、運転手に聞いてみた。「穴が少ないほうだよ」というのが答えだった。

郊外に出ると道路は単なる泥道になり、日干しレンガとトタン屋根の掘っ立て小屋の間を抜けていく。雨が降ると、というか雨が降っていることのほうが多いのだが、その勢いが激しすぎるあまりに道路を歩くのが危険になる。夜にはその同じ道路が、もっと恐ろしい、まったく別の理由から危険になる。ブカヴにやってくる観光客は少ない。複数のNGOが街の長期滞在者となっており、時折外国人の顔を見ることもあるが、基本的にブカヴは純粋にコンゴ人の街だ。

「交易所《コントワール》」は堅固に守られた二階建てのコンクリートの建物で、幅の広い門の前にはロール状の有刺鉄線が敷かれている。中がどうなっているのか覗き込もうとしてみたが、一筋の光すら見えなかった。この場所の所有者がだれであれ、中で起こっていることをだれにも見られたくないに違いない。

正面玄関の上に、所有者に関するヒントがあった。飾り気のない白い太字で書かれているのは、「パンジュ」の文字だ。大きな音でドアをノックすると、ずんぐりとした、やや威嚇的な表情の男が姿を現し、スワヒリ語でなんの用だと聞いてきた。鉱石の買い付けについて、ボスと話がしたいのだと説明する。ＦＤＬＲに直接資金を提供していると国連に非難されて以来、コンゴ産鉱石の仲介業者の役割を果たす交易所は、欧米人に疑いの目を向けるようになっている。それにパンジュは、国連の報告書で名指しされていたのだ。

［国連の］試算によると、ＦＤＬＲは［中略］この［スズ石の］貿易で年間数百万ドルを稼いでいる。また国連は、ＦＤＬＲ支配下にある地域で採掘された鉱石をそれと知った上で買い付けている鉱石輸出企業であるＭＤＭ、世界鉱業会社（ＷＭＣ）、エタブリスマン・ムイエ、およびパンジュが、ＦＤＬＲ支配下にある当該地域の一部で採掘された鉱石の貿易を二〇〇九年中も継続していたことも確認している。（国際連合）

その場を切り抜けるため、私は投資家候補か、少なくとも投資家候補の顧問のふりをすることに決めていた。仕事の話をしにきたことがわかる程度に、だが相手の気を悪くさせない程度の強い口調で、ボスを呼んでこいと応対した男に告げる。相手はまだかなり威嚇するような表情のままで待っていろと言うと、ドアをぴしゃりと閉めた。

アマニと私は、待った。外の通りでは、市場が立ちはじめていた。車が行き交う道の両脇で、女性や子どもたちが土の上に毛布を広げ、売り物を並べている。今日のお買い得品はナッツにアボカド、それにTシャツや布地のようだ。

ドアが開き、ふさふさとした白髪にとても目立つ団子鼻をした長身の男性が現れた。ラルフ・ローレンのしゃれた黄色いチェックのシャツに、スラックスという出で立ちだ。どう見てもコンゴ人ではないが、用心深い「ボンジュール」という挨拶のアクセントからは、出身地を推測することができなかった。逆に私のアクセントはわかりやすかったらしく、フランス語で答えると、相手はすぐに英語に切り替えた。「入りたまえ《カム・イン》」

パンジュの後についてひんやりとした長い廊下を歩き、彼のオフィスに向かう間に、私は突如として不安に駆られはじめた。心臓が早鐘を打ちはじめる。この嘘を突き通すなら、気持ちをしっかり保たなければ。こんな芝居を打たなければならないことに強いストレスを感じたが、大きなデスクを挟んで座り、パンジュが身を乗り出して単刀直入に、「あんたはジャーナリストじゃないだろうな？　私はジャーナリストとは話をしないんだ」と言ったときには、この芝居がまさしく必要だということを痛感した。

最初にドアを開けた威嚇的な表情の男が、まだ戸口に立ったままで腕組みをしている。デスク以外、部屋にはほとんど物がない。ひとつだけぽつねんと佇む本棚には鉱業要覧が何冊かと、仏語－中国語の辞書が置かれている。

パンジュは、私の答えを待っていた。違います、と私は説明した。私はエコノミストです。鉱業に限らず、発展途上国のさまざまな産業について調査するのが仕事です。たとえば、最近ではタンザニアでコーヒー産業について調査を実施したばかりです、と。

私はイギリスのいくつもの投資会社に強いコネがあり、それらの会社に調査結果を頻繁に報告しているので、あなたのビジネスにも特に関連があるかもしれませんよ、とも説明した。

こうした話は実際、ほとんど真実に近かったので、結構自信たっぷりにすらすらと話せている気がした。パンジュは戸口に立つ男に顔を向け、頭をほんの少し傾けただけで男を出ていかせた。私は、十分にパンジュを説得できたらしい。用心棒はもう必要ないのだ。

私の仕事相手の投資家たちは、コンゴには本質的に有益なチャンスがあると確信しています、と私は説明を続けた。ですが、欧米の投資環境が以前にも増して倫理的配慮に影響を受けるようになっているので、倫理的側面を考慮せずにチャンスを探るわけにはもういきません。とりわけ、最新の国連報告書には懸念を覚えている人が多いんですよ。

パンジュは、国連報告書に関する彼の意見を手短に済ませた。「まったくのでたらめだ」。報告書の根本的な主張のひとつが、コンゴにおける鉱物貿易がFDLRにとって直接の資金源になっているというものだ。「私らが反政府軍から鉱石を買っているというのは絶対に間違っている。外を見て、私らが鉱石を買っているところを見てみろ。反政府軍なんかどこにもいないだろう」

たしかに、パンジュは反政府軍から直接鉱石を買っているわけではないかもしれない。だが、間に仲介業者が何人も入っていることを考えると、サプライチェーンのどこかでその鉱石が反政府軍の手を通っていないとは言いきれない。「そう、それはたしかにそのとおりだ。だがどうすればいい？　私らは戦闘員じゃない。ビジネスマンだ。反政府軍とは取引していないが、私らがどんなふうにビジネスをやっているか、だれから鉱石を買っているか、国連がここまで来て自分たちの目で確かめたわけじゃない」

パンジュは、私を連れて迷路のような廊下を通り抜け、中庭へと出た。午後の日差しの下、高い壁が日陰をつくるところに三〇人かそこらの若い男たちが座っていた。大半が三流の仲介業者や、鉱石を売りに来た鉱山作業員だ。丈夫な麻袋から黒い石を取り出している者がいる。二人一組で金属の容器に入った岩をつき崩し、ふるいにかけて粉末を選り分けている者もいた。

ほとんどがスズ石を売りにきている。鉱山がある僻地のジャングルから、車のトランクやトラックの荷台に積んで運んできたものだ。

「わかるだろう、大変な仕事だ」とパンジュは言った。「それで、国連は彼らに代わりに何をしろと言うんだ？　私が鉱石を買わなかったら、彼らはどうやって食っていくんだ？　私が金を出さなければ、だれが出す？」中庭の奥にある大きな倉庫に向かいながら投げかけられたこの質問が、答えを求めているわけでないのは明らかだった。「それに、報告書が出る前から、他にも大勢いたじゃないか」

倉庫に入ってすぐの所には大きな木の板が掲げられており、その一番上には、鉱石を売りに来るすべての者に対する警告が記されていた。書かれているのは、国連が「不買」ゾーンと宣言した地域のリストだ。「これらの地域で採れた鉱石は購入できない」。パンジュはリストに書かれた地名を読み上げた。「ルリング、カセセ、レメラ、ムウェンガ」

そのうち二カ所に行ってきて、スズ石が掘り出されるところをこの目で見てきたばかりの私にとっては、ちょっとした驚きだった。国連の報告書では、パンジュのような会社は、供給業者が口頭だけで鉱石の出自を保証しても、「信頼できる証拠書類」がなければそれを受け入れるべきではないと勧告している。

「ですが、どう見ても書類がないのに、鉱石がどの地域で採れたものか、どうやってわかるんですか？」どことも知れない場所から車のトランクで運ばれてきた、どれも同じような黒光りする鉱石の山が二〇も並ぶ部屋を見回しながら、私は聞いた。パンジュはしっくり来る表現を探してじっと考えた。

「運とか？」と私は言ってみた。すると自分の問題をだれかが理解してくれたことをありがたがってか、彼は含み笑いをして私の背中を叩き、「ありがとう。まさに、そのとおりだ。運だな」と私の言葉を繰り返した。

国連の報告書はパンジュのビジネスに大打撃を与えたが、それでも彼は明らかに貿易を続けており、コンゴ産鉱石の全体的搾取は衰える兆しもない。ＦＤＬＲが支配するものも含めてあらゆる地域の鉱山が今も金やコルタン、スズ石を量産しており、これらの鉱石は最終的にアジアや欧米で売られる製品に使われる。

国連が推奨する倫理的禁輸措置は、ただ非合法市場《ブラックマーケット》を生んだだけだった。パンジュは、ブカヴの交易所を通過するコルタンやスズ石の量が一カ月あたり五〇トンほど減ったと見ているが、それは採掘量が減っているからではない。コンゴは今でも鉱石を輸出している。ただ、合法ではなくなっただけだ。

話の中で、パンジュの大口顧客の名前が出はじめた。ひとつはマレーシアの会社だ。マレーシアン・スメルティング・コーポレーション（ＭＳＣ）はスズ精錬では世界第三位の供給業者だ。

また、コンゴと隣国ルワンダからどこよりも多くスズ石を買っている企業でもある。交易所は公式には合法なので、MSCのような顧客は、サプライチェーンが潔白で法を守っていると主張することができるのだ。

パンジュのもうひとつの大口顧客は、予想どおり、中国だ。「欧米の顧客はみんなコンゴから鉱石を買うのをやめてしまって、今ではタイのタイサルコもやめることを検討している」と教えてくれた。「まだ買ってくれるのは、マレーシアと中国の客だけだ」。そう言って彼は笑った。「彼らは別だ。中国人が気にするのは、値段のことばかりだからな」

パンジュはそこにいた甥に声をかけ、オフィスへ電子メールのプリントアウトを取りに行かせた。そのメールはパンジュの中国人顧客からのもので、かなりへたな英語で書かれていたが、意味はしっかり読み取れた。

最近出荷された一五トン分のコルタンについて謝意を述べたあと、買い手はさらに追加発注をしたいと書いていた。ごく普通の内容だったが、その先に、ちょっと普通ではない要望が記されていた。次の出荷に必要な書類では、鉱石がコンゴ産ではないように偽装してほしいと言うのだ。「書類での原産国名の表示を、エチオピアかルワンダが原産国となるよう変更してください」

コンゴにおける国連の活動予算は、月一億ドルを超える。パンジュはそれこそ、国連がコンゴの状況を実際よりも悪く見せようとする理由だと信じている。彼は、ＦＤＬＲとの戦いについて彼なりの解決策をもっている。

「その予算を、ＦＤＬＲに分配すればいいんだ。コンゴ東部には八〇〇〇人のＦＤＬＲ兵がいると聞く。国連の一カ月分の予算を、その兵士たちに分けてやればいい。一人一万二五〇〇ドルくれてやって、銃を置いてルワンダに帰れと言えばいいんだ。ためらうやつなんかいないぞ。全員、あっという間に出ていく。問題解決だ」

パンジュはさらにもう一つ、痛いことを言った。

「欧米の倫理はいまや、第三世界の倫理とは両立しないだろう。私が思うに、あと二〇年もすれば欧米はもう第三世界にビジネス上の関心をもたなくなる。買い手がやって来て、鉱山で子どもたちを働かせてはいけないと言う。私は言ってやるんだ。『たしかに、それは欧米なら結構だろう。だがここコンゴで、子どもたちに他に何をさせると言うんだ？』ってな。ここには、欧米みたいに学校があるわけじゃない。外を見てみろ。そこらじゅうで子どもたちが働いてる。働かなかったら、どうやって食い物を買う金を稼ぐんだ？　だれが食わせてくれるんだ？　あんたじゃないだろう」

倫理と金の堂々巡り

パンジュの密輸話に興味をそそられた私は、コンゴとルワンダの国境を成し、イトンベ山脈からキヴ湖に流れ込むルジジ川を下ることにした。川の西岸沿いには日干しレンガとトタン屋根の掘っ立て小屋が、距離は短いのに計り知れないほど暮らしが異なる対岸を向いてずらりと並んでいる。街のすぐそばの川幅は六〇メートルほどだが、川はタンガニーカ湖までずっと曲がりくねりながら続いており、場所によってはコンゴ側から石を投げればルワンダ側に届くくらい幅が狭いところもあるのだ。

サタリは、ここブカヴで醸造される地ビールの「サファリ」を売る小さな屋台をやっている。私が泊まっているホテルは彼の屋台の真正面にあるのだが、ホテルの経営者が敬虔なプロテスタント一家なので、アルコールの販売を自粛している。そこで、毎日夕方にサタリの屋台で私が「サファリ」を何本か買い、そのとき前の晩に買ったビールの空き瓶を返却するという習慣ができあがった。最初の日は返却する瓶がなかったので、翌日になったらちゃんと空き瓶を返しに来ると言ってもサタリはなかなか納得してくれなかった。だがそんな経緯があったからか、私たちは少し仲良くなれた。

サタリの家は丘を下って、川の近くにある。彼の家からは、水上で深夜に繰り広げられる活動がよく見える。「毎晩、あっち側からもこっち側からも物資が密輸されてる。ルワンダからコンゴにヤギを持ち込むやつらまでいるんだ、向こうで買ったほうが安いからな。ときどき、ボートをもたないやつが密輸品を抱えて泳いで渡ることもある。とても危ないから、しょっちゅう人が溺れる。川岸に、よく死体が打ち上げられるよ。しょっちゅうだ」

だが、川を越える一番大きな取引は、鉱石だ。「たまに、川越しに叫んでる声で目が覚めることがある。そしたら、反対側からも叫び声が聞こえる。それが、渡る合図なんだ」。これはまじめな話だと印象づけるように、彼は頷いた。ヤギの密輸とはわけが違うのだ。

「やつらが見えるときもあるよ。先月、いとこの結婚式から帰ってくる途中、兄貴と俺は川沿いの道をトラックが走ってくる音を聞いたんだ。トラックが停まると、川沿いにボートをもってる漁師が大勢集まってきて、積み荷を降ろしはじめた。みんなで鉱石が詰まった大きな袋を川まで運び降ろして、ボートの準備ができたら、一艘に重たい袋を四つか五つずつくらい積んだ。たぶん、合計一〇トン以上はあったと思う。それを手漕ぎボートで対岸まで運んだんだ。でもこれはすごく危険な行為だ」

頷いていた頭が、警告するように横に動いた。「川をよく知っていないと、溺れるかもしれない。俺が知ってるやつも、友だちだったんだけど、それで先月死んでしまった。一六歳だよ。ジュッサン・カヤブって名前だった。ルワンダに鉱石を密輸してたんだ」

川での溺死はよくあることだが、ときどき、打ち上げられる遺体に銃創がある場合がある。

コンゴ軍は川越えを厳しく管理しており、密輸者は自分が川を渡る場所を仕切っている適切な人物に対価を支払わなければならない。この縄張りをめぐる争いにからんでみせしめに人が殺されることがあり、岸に打ち上げられる死体はこの上ないメッセージとなる。

これはコンゴの鉱物貿易における新しい展開というわけではないが、サタリによれば、かなり一般的になりつつあるようだ。「倫理的ではない」鉱石の輸出を止めるようにという供給業者への圧力は貿易を地下へと潜らせただけで、結局は同じ鉱石が「倫理的に」輸出できるルワンダへと密輸されているのだ。国連は、紛争に平和的解決を見出すべく必死の努力を続けている間はコンゴ産鉱石の貿易を「保留」するよう国際社会に呼びかけているが、人々は生計を立てるために鉱石を売り続けなければならない。そして、大っぴらに鉱石を売れないのであれば、唯一の選択肢は夜の闇にまぎれてルジジ川に向かうことなのだ。

ひょっとすると私たちは意図しないまま、ただでさえ無慈悲なサプライチェーンに、さらに冷徹な鎖をつないでしまったのかもしれない。

アフリカの経済地図と中国の思惑

中国の貿易ルート、そして大きくなり続ける中国の力は、ブカヴを離れれば離れるほどはっきりと見えてきた。最初、道路は道路と呼べるほどのものではなかった。どちらかというと、キャベツがないキャベツ畑、といったふうだったのだ。前夜からの嵐は収まりつつあったが、細かい霧のような雨が辺り一帯を覆い、街を抜けて南西方向へ向かう丘を上がっていくと空気はどんどん霧がかり、道はどんどん泥だらけになっていった。沿道には常に人の姿があり、みんな頭に荷物を乗せて運んでいた。男も女もバナナの山やバケツに満杯の水などを運んでおり、中には長い薪の束までを頭に乗せ、ぬかるみで滑ってひっくり返らないよう、慎重にバランスを取りながら歩いている者までいた。道路脇には雑に組み立てられた小さな台がいくつも並び、バナナやジャガイモ、ヤムイモの他に炭の小さな山も売られていた。買った野菜を調理するのに最低限必要な量の炭だ。

だがブカヴから遠ざかるにつれ、道路は確実に良くなっていった。

実は、私たちがたどっている道は、二年前にブカヴから一八〇キロ向こうのカミトゥガ、さらにその先のキンドゥまで道路をつくりに来た中国の道路建設業者たちが敷いたものなのだ。ブカヴから離れるほどその道路建設業者たちが作業した時期が新しいので、道路の状態もいいというわけだ。この分では、カミトゥガに着く頃には六車線の幹線道路になっていてもおかしくないとさえ思ったが、よく考えたらこの道路の変化は、道路がつくられて以来、責任をもって維持管理をする者がだれもいないことの証明でもあった。

この中国製の道路は、中国政府とコンゴが結んだ五〇億ドルのインフラ契約の一部だ。コンゴでは、紛争中に多くの欧米企業が焼け出された。その上に大規模な景気後退が襲い、それによって新規投資の可能性が激減したため、欧米企業がコンゴへの投資を再開するまでにはちょっと時間がかかっていた。

だが中国は別だ。中国は年間二〇〇〇億ドルの貿易黒字を出している。その金を何に使おう？　ラオスで見てきたように、中国はドルの崩壊とともに自らの資金の価値が下がるのを手をこまぬいて見ているのではなく、未来に向けて積極的に投資している。ラオスのような近隣国だけでなく、ここアフリカにまでやって来ているのだ。たとえばコンゴでは、道路再建のための貸付は、確実に利益を生む独占的な鉱業契約の形で返済される。

中国は、世界でもっとも豊富な各種鉱石という宝の山を、舌なめずりしながら眺めている。一見、コンゴが手にした五〇億ドルは国の崩壊したインフラを再建するのに役立つかのように思える。カミトゥガまでの新しい道路のように、鉱物資源が豊富なコンゴ東部や南部地域に続く新しい道路や鉄道がつくられているのだ。これらの新しい道路は、北東部の街キサンガニからザンビアとの国境沿いにある南部のカスンバレサまでの三四〇〇キロに渡る幹線道路とつなげられる計画だ。

こうした道路はもちろん、コンゴの鉱石輸出を促進するためのものだ。だがそれが運ばれる方向を見ると、中国の作戦と、世界に対する中国の新たな視点が見えてくる。中国がコンゴに敷設している新しい道路と鉄道地図は、中国が中央・南部アフリカの経済地図をいかにして描き換えようとしているかを露にするものだ。すなわち、コンゴの鉱業への関心と、すでに確立されているザンビアやアンゴラの中国製ネットワークとをつなげ、さらにはコンゴのマタディにある大西洋に面した港までもつなぐ。そうすることで、欧米とのかかわりが深すぎると中国がみなす南アフリカから、コンゴの鉱山がもつ莫大な可能性を引き離そうというのだ。これは本質的にはコンゴの利益を考えた発展ではなく、むしろ中国自身の経済的利益を増進しようという、計算ずくの構想なのだ。

新しい道路は、どちら側もまだ安全ではない。FDLRはまだ南キヴで活動を続けており、道路から一キロも離れれば生命を危険にさらすことになる。そのため、村はすべて道路沿いにつくられている。道路のそばなら安全だし、車両が通ることで安心も得られるからだ。通る車両の大半はNGOの四輪駆動車、パキスタンの国連平和維持軍が乗る白いランドローヴァー、山積みにした麻袋の上にさらに人が山積みになっている大型トラックだ。

私が旅してきたアフリカの他の国でもよくあることだが、道路はしばしば検問で塞がれていて、コンゴ兵が車両か乗員の書類のどちらかに不備を見つけるのがお決まりだ。街から交易所へ鉱石を持ち込む仲介業者にとっては、ここが「税金」を払う場所になる。まあ、税金というよりは、銃を持って道路を支配する男たちが給料に数ドル上乗せしようと強要する賄賂、というほうが正確なのだが。

これには私ももう慣れっこで、要求されて当然だと思っていた。実は、必要に応じて袖の下として使うための小額紙幣の束も用意してあった。だが、なぜかどの検問も、なんの面倒もなくスムーズに通過できているようだった。

「やつら、あんたのことを神父だと思ってるんだ」とアマニが笑った。

私たちが借り上げた車は街に住むコンゴ人男性が所有しているのだが、その男性はこの車をフランスのAFEMというNGOから買ったのだった。AFEMはよく神父と一緒に活動をしている団体で、この車に見覚えのある連中は、黒い上着（ただのフリースだが）を着た白人が神父だと思い込んだらしい。

私も、思わず笑ってしまった。今までいろんな人物に間違えられてきたが、聖職者に間違えられたのは初めてだ。「笑える話だが、いいことだ」と後部座席からアマニが言った。「車に神父が乗っていなかったら、毎回金をせびられるところだった」。これはいい。気が楽になった私は神父役がすっかり板につき、ときどき窓から祝福を与えることまでした。

コンゴほどNGOが多い場所はない。植民地時代にこの国をめちゃくちゃにしてしまった欧米諸国がこぞって罪悪感を覚え、ぞろぞろとやってきたのではないかと思うくらいだ。数キロごとに村があり、どの村にも最低一枚は字がかすれかけた大きな白い看板が立っている。看板にはさまざまなNGOのロゴが描かれており、それぞれのロゴの下には、そのNGOが村で支援したプロジェクトの説明が書かれている。看板の大半は、かなり古いもののように見えた。

次の村で、私は車を降りて看板を近くで見てみた。それを立てたのは比較的小規模なベルギー系NGOで、村の学校を建設すると高らかに告げている。角を曲がるとたしかにそこには平屋の建物がある。その村で唯一、レンガとトタン屋根で造られた建物だというところがすごい。他の家屋はすべて、泥と藁で造られているのだ。

写真を撮る私を、好奇心旺盛な数人の子どもたちがじっと見つめていた。この子たちは学校にいっていないのか？　見たところ、一日中泥の中で遊んでいたような格好だ。彼らに聞いてみた。「この建物は何？」

「学校」と年長の女の子が答えた。八歳くらいだろうか。

「どうして学校にいかないの？」急に、不登校の子どもを取り締まるおまわりさんになったような気分になりながら訊ねる。

「先生がいないんだもん」。それなら仕方ない。

「最後に学校にいったのは、いつ？」

「いったことなんかないよ。あたしが学校にいく年になる前に、先生がいなくなっちゃったから」

少女は、看板の下に立ってこの話をしていた。この看板はなぜまだここに立っているのだろう？　だれのために？　通りすがりにこの看板を見る人が、この村にはもう学校があるのだという間違った印象を受けるだろうと思うと腹が立った。学校なんかない。ここにはまだ学校が必要なのだ。新しい看板などいらない。

隣の村も、似たようなものだった。ＵＳＡＩＤ（米国国際開発庁）とカトリック救援事業会が村に水をもたらすべく汲み上げポンプをつくったと説明する看板の前に立っていると、四歳にもならない小さな男の子がえっちらおっちら丘を登ってくるのが見えた。水を一杯に満たした重たそうな二ガロン容器を背負い、額に引っかけたストラップで支えている。私は、家の外に座っていた男性に聞いてみた。

「汲み上げポンプがあるのに、どうしてあの子は水を運んでるんです？」

「ポンプはもう長いこと壊れたままだよ」と男性は答えた。戸惑っている様子だ。

「だれかが直せないんですか？」どうにか建設的に聞こえるといいがと思いながら、さらに聞く。

「だれも直しに来ないんだ」というのが答えだった。なんとも痛ましいが、これが現実だ。村のだれ一人、ポンプを修理する技術をもっていない。そしてだれも直しに来ないのだ。

汲み上げポンプのプロジェクトは、おそらくポンプをつくるという、ただそのためだけに資金が提供されたのだろう。メンテナンスするための村人への訓練も、メンテナンスそのものも提供されなかった。それなのに看板はまだここに立っている。

「この看板、どうして下ろしてしまわないんです？」私は再び男性に質問した。他のことはともかく、その看板は彼の玄関の真ん前に立っていて、ずいぶんと邪魔に思えたのだ。「ほら、ポンプがもう使えないんだったら」と、質問を正当化する理由も付け加える。

「俺の看板じゃないからな」と男性は言い、私の質問がそもそも非常識だ、とでも言わんばかりに肩をすくめた。

私は車に戻った。ムウェンガまでの道中、赤土の道路を走りながら、私たちはミトゥンバ山脈の村をいくつも通り過ぎた。カーブを曲がるたび、眼下の谷底にはうっそうと茂るジャングルに四方を取り囲まれたパッチワークのような畑が見えた。

どの村にも成功を自慢するＮＧＯの看板が立っていたが、実際には目に見える持続可能な変化をコンゴにもたらすのに失敗したことを強調しているだけだった。明らかにコンゴは今でも赤貧地域のままだ。そうではないのだとなんとかして私を説得しようとする自己満足な看板を、すべて叩き壊したくなった。

道沿いにいた子どもたちの何人かが、私を見て変な声を立てていた。最初はロバの「ヒーホー」という鳴き声に似ていると思い、なぜそんな声を出すのかわからずにいたのだが、やがて一人が「中国人《シノワ》！　シノワ！」と言いはじめた。突然、私は気づいた。彼らは「ヒーホー」ではなく、「ニーハオ」と言っていたのだ。中国語で挨拶している。私が中国人だと思っているのだ！　神父の次は、中国人か！

一〇年前まで、アフリカの天然資源市場の最終的支配権は一握りの欧米企業が握っていた。何目的が石油にせよ、食料にせよ、鉱石にせよ、街で事業をおこなっているのは彼らだけで、何をどれくらい必要としていていくら支払うのかは彼らが取り仕切っていた。欧米における倫理的消費主義の状況が変わってきたことで、コンゴのような国で採れる鉱石の貿易を禁止するという圧力が企業にかかるようになってきたのは確かだ。しかし、だからといって貿易自体がなくなったわけではない。街には、欧米の倫理基準を気にしない買い手が必ずいる。

今では中国が決定権をもっている。そしてラオスの場合と同様、生産者の利益は中国が最優先する要素ではない。しかし、それで欧米が責任を免れるわけではない。

コンゴのもっとも貴重な資源であるスズ石とコルタンの供給は、欧米の電子機器産業からの高まる需要に応えているのだ。コンゴから輸出された鉱石を使用可能な部品へと変える主な精錬・加工企業はイギリス系企業ＡＭＣが所有するタイサルコ、同じくイギリス系のアフリメックス、ベルギー系のトレードメットとトラクシス、そしてパンジュの大口顧客であるマレーシアのMSCだ。どれも、国連によって「武装集団と密接な関係をもつ交易所」から鉱石を購入したとされている企業だ。

こうした貿易・加工企業は、鉱物貿易の闇の部分との関与を軽く見せるため、さまざまな釈明をしている。その釈明は、無実を訴えるもの（「当社は鉱物貿易の許可をもつ、登録されている貿易商を通じてのみ調達をおこなっており、原料が正当な出自であることを確認しています」（MSC））から、倫理に訴えるもの（「コンゴ民主共和国における鉱物貿易の継続は、鉱山の職人集団の生活を安定させるためには欠かせません」（タイサルコ））、絶望的なもの（「輸出される原料の正確な出自を一キロ一キロ確認することは［中略］トレードメットのような企業ではなく、コンゴ政府のみが負う責任です」（トレードメット））まで幅広い。

そして鉱石はこうした企業からアップル、ノキア、モトローラ、デルなど、おなじみの企業へと運ばれていく。どの企業も、問題があることは認識している。たとえば、ノキアが出した公式声明によれば、これはノキアも責任の一端を担い、何がしかの変化さえもたらすべき問題である、と認めている。

ノキアは、コンゴ民主共和国に限らず、世界の鉱業の一部における良質でない企業活動に懸念を抱いています。ノキアは、サプライチェーンに良い影響を与え、高い環境・社会的水準を推進できる立場にあります。［中略］水準が満たされていないことが判明した場合、当社はそれを放置するのではなく、当該供給業者とともに問題に取り組み、その過程で全体的な水準を引き上げる手助けをしていきます。（ノキア、二〇〇九年）

この年、電子機器産業全体がその事業者団体である国際錫研究所（ＩＴＲＩ）に対し、「コンゴ民主共和国産出の『紛争鉱物』に関する懸念に取り組むため、同地域から輸出されるスズ鉱物について包括的な適正評価《デューデリジェンス》計画」をまとめるよう申し入れた。この計画はアップル、デル、ＨＰ、ＩＢＭ、インテル、マイクロソフト、モトローラ、ノキア、フィリップス、ソニー、テレフォニカ、ウェスタン・デジタル、ゼロックスなど、電子機器分野の主だったスズ鉱物需要者のほとんどから支持されている。

残念ながら、ＩＴＲＩの計画は具体的に武装集団との鉱物貿易について取り組んでいるわけではなく、鉱山作業員たちの労働環境改善に取り組んでいるわけでもない。

計画文書に書かれているのは軟弱で骨抜きな中身のない言葉ばかりで、問題を「認識」し、変化を「奨励」して現状に「懸念」を示してはいるが、目に見える変化をもたらせるような責任感と透明性を備えた計画はどこにも書かれていない。連携の取れた大企業の活動はもちろん大歓迎だが、問題意識の高い消費者や用心深い活動家たちを煙に巻くためのものならごめんだ。

結局のところ、それぞれの企業は強大な力をもっているのだから、サプライチェーンを混乱させ、私利私欲のために紛争を長引かせようとする悪徳仲介業者たちに圧力をかけて規則を遵守させようと思えばそうできるのだ。だが、現在の状態は、とても祝福などできるものではない。

私たちは手に余る戦いに挑んでいるのかもしれない、と私は気づきはじめていた。アジアやこのアフリカの闇で活動する欧米企業は、最前線で事業をおこなっている。そして、世界でもっとも貧しい人々の命が危険にさらされている。だが、欧米の倫理的価値観が展開されているのに人々の命が危険にさらされている場所は、他にもある。

6

本物の商人になりたくて、
その上に国を愛したかったら、相当賢くなきゃね。

おかしなケシ
アフガニスタン・ルバートサンギ

アフガニスタン

首　　都：カブール

人　　口：3,532万人

通　　貨：アフガニー［1アフガニー＝1.8円］

主要産業：農業

田園風景と警察たち

午前六時、アフガン警察（ＡＮＰ）と麻薬対策省の車両集団を構成する重武装車両の列がようやく見えてきた。車列はヘラートを出て北へ向かっている。

ここは、トルクメニスタンとの国境から五〇キロほどの所だ。私が雇った運転手のマハムードの車は古いポンコツのトヨタで、街を出る途中のパンクのためにタイヤ交換をしている間に列から遅れてしまった。麻薬対策省のダキーク大臣から、ルバート・サンギへの道は単独で移動するには危険なので、必ず武装車両集団に同行するようにと警告されていた。だから、マハムードのトヨタが車列に追いつき、アフガン警察の緑色の軽トラックの後ろについたときにはほっとした。

トラックは、ＡＫ－四七やロケットランチャーを構えた若い警察官を満載している。前方に伸びる砂漠道のため、警察官の多くがスカーフで顔を覆っていて恐ろしげな風貌だ。彼らは味方なんだぞ、と私は自分に言い聞かせた。

地区の拠点で、私たちは米軍第八二空挺師団の部隊と合流し、車列に八台の車両が加わった。いくつもの重機関銃で飾り立てられた、砂漠迷彩の高機動多目的装輪車《ハンヴィー》だ。装甲車の助手席に座る下士官のアッシュは、アフガニスタンに派遣されて八カ月になる。「最近の状況はわりと平穏ですよ」と、ゆったりしたカロライナ訛りで言った。「タリバンが畑の収穫か何かで忙しくしてるんでしょう。でも、そろそろ動きが活発になってくるはずです」

車列はさらに北へ向かって移動を再開した。いまや立派な大隊、プラス一九九二年製の赤いトヨタ・カローラ一台だ。慎重に道路を進み、荒れ果てた岩だらけの山地を登って、国境に近い僻地の村落地帯を目指す。途中ですれ違うのは燃料を運ぶタンクローリーだけで、どのローリーも前後に必ず重装備の民間警備車両がついていた。

途中で、道路を離れて砂まみれの小道へと入る。前を行く米軍のハンヴィーが砂埃を巻き上げ、マハムードは前方がまったく見えなくなってしまった。

この前週、タリバンの暴徒たちがナンガハールでこのようなケシ撲滅作戦の車両を襲撃し、警察官三人が死亡、四人が負傷した。タリバンがアフガニスタンにおけるケシ栽培の既得権益をもっており、それで得た利益が彼らの活動の資金源となっていることは公然の事実だ。ケシを取り締まる警察も、彼らを守るために送り込まれた米軍も、タリバンにとっては同じ敵なのだ。

通訳のアシフが助手席から振り返り、彼の母国を私がどう思うかなどについて機嫌良く話していた。彼の左手が人差し指の付け根から手首まで平らになっていて、親指があるべき所には傷跡しかないことに私は気づいた。それに、頬にとても目立つ円形の傷があり、耳のすぐ下にも同じような傷跡がある。

「去年、いとこの結婚式に出るためにカブールまで車を運転していたんだ」と彼は説明した。「途中でタリバンに止められた。最初は相手が強盗で、身ぐるみはがされるんだと思ったんだけど、やつらはいきなり撃ってきた。一一発撃たれたよ」と言って、傷跡を見せはじめる。シャツの袖やズボンの裾をめくるたび、弾痕が次々と現れた。

「死ななかったのは運が良かった。でも今は、とにかくどこか別の場所で暮らしたい。アフガニスタンじゃないどこかで」。タリバンはアフガニスタンで多くを破壊してきたが、その中でも若い世代の希望ほどひどく破壊されたものはないだろう。

この国はアシフのように聡明な若者たちを切実に必要としている。彼らには国に残って未来に投資し、国とその経済を再建してもらわなければならないのだ。

私たちが乗ったトヨタは、ハンヴィーの車列に続いて未舗装の道をがたがた揺れながら進んでいき、やがて広大な平たい谷底を見下ろす丘のてっぺんに到達した。頭上の鮮やかな青空に雲がふわふわと浮かび、乾ききった丘を越えて北へと漂っていく。谷には灌漑用水で青く茂る麦畑がパッチワークのように並んでおり、一瞬、猛暑の終わり頃にイギリスの田舎に来ているような感覚を覚えた。

だが、目が慣れるにつれ、遠くの丘の中腹に四つか五つ、小さな村がへばりついているのが見えてきた。最初に見えなかったのは、家屋に使われている土が地面と同じ色だからだ。だが徐々に背景から浮かび上がってきて、いったんはっきりと見えるようになると、どうしてさっきまで見えなかったのかと思うくらいになった。

米軍空挺師団、アフガン警察、麻薬対策省、それにアフガン軍の上官たちが、専属の通訳チームとともに集まり、戦略会議をはじめた。作戦を率いているのが麻薬対策省なので、チームの陣頭に立つのは大臣その人であるべきだ、という案が出された。アフガン警察が援護する大臣の先陣部隊が村から村へと移動しながら、ケシを植えている畑を撲滅していくのだ。米軍とアフガン軍の部隊は村を取り囲むように見下ろせる戦略的に重要な場所をおさえ、抵抗に備えて待機する。私は、大臣と行動をともにすることになった。

車列が再構成され、カカトゥートの村へと続く砂道を走り出した。村の中心には小さな空き地があり、白いテントが三張立てられていた。これは学校だ。ひげを生やした年配の男性たちの集団が壁にへばりつくようにして、わずかな日陰で太陽の光から身を隠していた。伝統的なアフガニスタンの家屋は、頭までの高さがある土壁で囲まれている。だからこういった村は迷路のような体裁になる。どの壁の向こうにも、家だけでなく、作物を育てる土地がある。

アフガン警察の警部が家から家へと周り、壁の上やドアの隙間から中を覗き込んでいった。その向こうに、証拠となるあの鮮やかなピンク色の花を探しているのだ。彼が声を上げて手で合図すると部下が二人駆け寄り、警部の号令でドアを蹴り壊しはじめた。間もなく蝶番が壊れてドアが外れると警部はちらりと中に視線を走らせ、哨戒隊に中へ入れと叫んだ。部下の警官たちが前進し、銃を構えて壁を上から下まで見回す。このときこそ、彼ら（と私）が一番攻撃されやすい瞬間なのだ。

畑へと移動すると、武装した警官たちが近隣の家屋の屋根に上り、攻撃が予想される地点に銃口を向けた。周辺の安全が確保されたと警部が叫ぶと、残りの警官たちがぞろぞろと入っていく。タリバンは、撲滅作戦が近々実行されると予測するとケシ畑に爆弾の罠を仕掛ける場合が多い。そこで地雷や簡易爆発物が設置された形跡がないか調べるために二人の兵士が送り込まれた。やがて畑は安全だと判断され、撲滅活動が開始された。

これは、決してハイテクな作戦ではない。警察官はそれぞれ、片手にAK－四七を、もう一方の手に長い棒を持つ。そして畑を歩き回りながら棒を振り回し、可憐なピンクの花を払い落としていくのだ。大臣までが、楽しそうに棒を振り回している。ものの数分で、一ジェリブ（〇・二ヘクタール）のケシ畑が一掃され、世界からヘロインが約一キロ分減った。

ピンクの花につきまとう金

ケシ撲滅作戦はもう何年も続いているプログラムだ。二〇〇二年以来、欧米諸国はこのために五〇億ドル以上を注ぎ込んでいる。これは莫大な金額だが、たいていの人と同様に私も、その費用が有効に使われているものと思っていた。

なんといってもアフガニスタンは世界中のヘロインの九〇パーセントを生産している国であり、ヘロインは明らかに諸悪の根源なのだ。その破壊的影響は世界中で見られる。ロシア、イラン、ヨーロッパ、アメリカまで、どの近代都市にも禁断症状にがたがた震える麻薬中毒者がおり、薬を手に入れるために犯罪に走り、自らの命を残酷なほど縮めているのだ。その供給源を絶つための活動なら、どのようなものでも歓迎されるべきだろう。

そしてもちろん、麻薬取引の背後には悪玉がいる。麻薬王、カルテル、違法ブローカーたちが、他人の苦しみの上に富を築いているのだ。アフガニスタンの場合、そうした悪人の多くはタリバンに属している。イギリス政府は、タリバンの全財源のうち、二五パーセントまでもがアヘンによるものだとしばしば主張している。だれが考えても、もしどこかで麻薬撲滅活動が実施されることになれば、アフガニスタンが真っ先にその活動地域候補となるのは当然に思える。

だが、他の国での取材でもわかったように、ものごとはいつもそれほど単純なわけではない。こうした場所を実際に訪れて、それに造詣の深い人間がもう少し深く掘り下げると、撲滅活動も解決策としては良く言えばできすぎている、悪く言えば実際には逆効果のように見えてくる。

まずは、タリバンの資金源の二五パーセントという数字から見てみよう。この数字は、国連薬物犯罪事務局（ＵＮＯＤＣ）の報告書からとられたもので、反政府分子が違法アヘン取引で毎年合計三億ドル以上の利益を得ていると推定している。

ＵＮＯＤＣの報告書は、これがタリバンのみの収益ではない、と慎重に明記している。実際、アヘン収益の大半が実はタリバンと無関係な軍閥長や麻薬王の懐に入っているのに、すべての反政府分子をタリバンだと定義づけるのは語弊がある。

さらに、タリバンが得ているアヘン収益のほとんどは、実際には彼らが支配する地域であらゆる農作物に課している税金《ウシュル》によるものだ。このため、タリバンは麦など他の作物からも同じくらいの収益を得ることができる、ともＵＮＯＤＣは述べている。

矛盾しているようだが、撲滅活動が実は軍閥長たちを潤しているという証拠まである。たとえば世界銀行は、撲滅活動によって「危険手当」が吊り上げられ、それが出荷価格を上昇させ、「さまざまな権力者が農家から『みかじめ料』をさらに搾り取る」要因になっている、と苦言を呈している。それに、撲滅活動は標的となる個別の農家に多大な影響を与えるが、国全体の生産に対する総合的な影響は微々たるもので、「耕作面積のわずかな減少に貢献したに過ぎない」。また、撲滅活動は汚職の機会も生み出す。「多くの地方役人と麻薬関係者との緊密な関係のため、地方政府主導の撲滅活動は特に、実施の際に汚職が伴いやすいという深い懸念がある」

さらなる矛盾に思えるのが、タリバンの拠点となっている南部のヘルマンドやカンダハルでは、もっとも厳しい撲滅活動が実施されたにもかかわらず、これまで以上にケシ栽培が盛んになっているということだ。過去一〇年間で、ケシ栽培に実質的な打撃を与えたのは自然に発生した胴枯れ病だけだ。パキスタンとの国境付近はかなり情勢が不安定で、運び屋たちにとっては通りやすい密輸ルートとなる。そして二〇一〇年の全国総生産量推定三六〇〇トンのうち、三〇〇〇トン以上がヘルマンド、ファラハ、カンダハルで生産されたのだ。

現在のところ、ヘラート県では二つの厄介な地域でケシ栽培が続けられている。南西のシンダンドと、北部のルバート・サンギだ。どちらの地域でも、タリバンやトルクメニスタン系マフィア組織が活動している。麻薬対策省のダキーク大臣は、こう説明した。

「今年の撲滅活動では、すでに九名の警察官が殺害され、二〇名が負傷しています。麻薬取引で利益を得ているマフィア組織は地元農家にケシを育てるよう奨励しており、撲滅活動に抵抗を試みる場合も多いのです」。そして、思い出したようにこう付け加えた。「ですが、われわれはいつでもマフィアより一歩先をいっています」

農家は、アヘンの収穫高に対する手付金を非合法組織から受け取っている場合が多い。何も作物が育てられない厳しい冬を乗り切るのに、彼らはこの手付金を当てにしているのだ。麻薬密輸業者が農家を訪問し、春にアヘンを供給するという約束の見返りに、支援を提供する。

「運び屋から一キロあたり二〇ドルの手付金を受け取ってしまえば、もう契約に縛られたことになります」とダキーク大臣は言う。

だが、この農家の誓約について、大臣はあまり気にしていないらしい。それよりももっと頭の痛い、自身の財政問題を抱えているのだ。「撲滅活動はアメリカとイギリスが出資していますが、撲滅した畑一ヘクタールあたり一三五ドルしか支払われません。たった四ヘクタールしか撲滅できないのなら、二〇〇キロも移動するわけにはいかない。経済的に割に合わないからです。たしかに去年は数百ヘクタールを撲滅しましたが、今年はそこまでいかないでしょう。ですがそれでも活動を続けないと、国民はケシ栽培を再開してもいいのだと思ってしまいます」

緑の瞳の決断

これが個別の農家にとってどういう意味をもつのかを自分の目で確かめるべく、私は今日の撲滅活動で畑を破壊された農家の一人を探した。

地元住民のハギ・ジャンだ。ハギは、村で麻薬対策チームと話をしていた。長身で、黒いターバンと気品ある長いひげの、カリスマ性のある人物だ。深い皺に縁取られた射抜くようなエメラルドグリーンの瞳があまりに印象的なので、左の袖が肩からだらりと垂れ下がっていることに最初は気づかなかった。ハギは、一九九〇年代にイスラム系民兵《ムジャヒディン》とともにロシア相手に戦っていて腕を失った。今は農家であり、村の長老でもある。

　私たちが立っている村の中心の丘からは、農家に代替作物を導入させようという計画がどの程度成功したかが見てとれる。眼下に広がる畑の多くには麦が植えられ、来月の収穫に向けて穂を実らせていた。昨年もここへきた警察官たちは、当時は違う光景が広がっていたと言う。畑はほとんどがケシだったのだ。麦の国際市場価格が上昇したことが、農家に麦へ転換する動機を与えた（中には、麦価格の高騰からもっと利益を得ようと、古い野菜畑まで潰してしまう農家もいた）。

　だが、アフガニスタンは異常気象と消えない記憶の国だ。二年前の春に雨が降らず、降水量によって収穫高が左右される麦を育てていた農家がひどい苦労をしたことを、ここの農家は覚えている。多くの農家が作物転換を先送りし、非合法なアヘンという「安全な」選択肢にこだわっているのも無理はない。

「今日、六ジェリブ（一・二ヘクタール）分のケシを失ってしまった」。ハギ・ジャンは悲しげな笑みを浮かべて言った。「畑が破壊されなければ、買い手が来たときに四キロ分のアヘンを売れたはずだった」と首を振る。「三〇〇〇ドル以上になるアヘンだった。これから、村の若者たちの何人かはイランまで出稼ぎに行かなければならない。他に、どうやって家族を食わせていけばいい？」

世界中のどの農家もそうであるように、アフガニスタンの農家が植え付ける作物を選ぶ際には、単純に現在の価格が一番高い作物を選べばいい、というものではない。彼らは家族が食べていけるだけの作物を育てつつ、自分たちではつくれないその他の必需品を買ったり、育てる作物を補充するのに必要な収入が得られるような換金作物用の土地も確保しなければならない。世界中で食料価格が上昇しつつある今、これは特に重要なことだ。

世界中の農家が迫られる決断は、アフガニスタンではさらに複雑になる。農家が余分を売れるくらいの作物を育てることができたとしても、それを市場に運ばなければならず、そのためには危険な地域を旅しなければならない。彼ら農家は、市の立つ日に米軍第八二空挺師団に護衛してもらえるわけではないのだ。

「市場に作物を持っていく途中でタリバンやアフガン警察や強盗に捕まるかもしれない。そうしたら手元には何も残らない。それならケシを育てていたほうがいい。ケシなら業者が買いに来てくれるからな」。ハギはリスク評価をおこない、ひとつの結論に達した。ケシ栽培だ。

ハギたち農家は、麻薬密輸業者が現金をまとめ払いしてくれるという事実も考慮している。この地の治安はとてもひどく、麦のような作物を育てている農家は市場に作物を運ぶまでにいくつもの検問を通過しなければならない。「検問ごとに賄賂を要求されることもある。だから市場に着く頃には、儲けが全部なくなっている。だがケシを育てていれば、村を出る必要がない。村の農家だって、治安がもっと良ければ他の作物を育てるだろう。収入が減ったとしても育てるだろうが、それにも限界がある。食べていけるだけの金が稼げないなら、やるわけがない」

アフガニスタンでは、アヘン生産と治安との間には明確な関連性がある。治安が改善された地域では、より交易しやすい環境も同時に整備された。農家が市場へ安全に移動できる北部地域では、それが麻薬王のためのアヘン以外の作物を育てる動機となっている。もしかしたら、幹線道路の治安維持に外貨を投入したほうが、ケシ撲滅のように直接的な麻薬対策戦略に注ぎ込むよりも有効なのかもしれない。

麻薬対策省のチームが近くにいないとき、私はハギに、どうして今日ケシ畑を潰しに来たのだと思うか、聞いてみた。ハギは、自分のような村人は貧しく、ケシを育てる以外に選択肢がないと説明した。他の作物の種を買うのに政府からの支援が得られない以上、他にどうしようもないからだ。そして、家で話の続きをしよう、と言った。

二人だけで話したいという意味だと思ったのだが、彼の家に行くと撲滅チームの上官たちがみんなそこにいて、ハギが用意した昼食を腹に詰め込んでいたのでびっくりした。

「息子を殺した敵が訪ねてきたとしても、お茶とパンを供するだろう。それがわれわれの文化だ。ここにいる警察官の多くは、私個人の友人でもある」。ハギの言葉に、テーブルを囲んでいる男たちが頷いた。ハギはさらに説明を続けた。

「われわれの文化では、ケシ栽培はハラム（コーランで禁じられていること）で、われわれがケシを育てていること自体、認めない人が多い。だがわれわれには他の作物の種を買う金がなく、政府は支援してくれない。だったらどうすればいい？　他に何も育てられない畑があるなら、ケシを育てる。来年きみたちがまた来たら、そのときはまただれかがケシを育てているだろう。畑を遊ばせておくよりも、リスクを取るほうがいいからだ」

驚くべきことに、一九九四年から一九九九年までの期間に、アフガニスタンはアヘンの生産量を倍増させることに成功した。

これはある意味、農家の手柄だ。彼らは絶え間ない破壊的な戦争の最中、現金を前借りし、利息付きで借金を返し、翌年の収穫のために再投資しなければならなかった。育てている作物についてはは賛成できないにせよ、彼らが冬の間も家族を養い続け、やがて畑を広げていくことができたのは動かしようのない事実だ。だが教育も受けていない彼らの純然たる決意、想像力、そして抜け目ない起業家精神は、しばしば見過ごされてしまう。

昼食が終わると、大臣はハギと二人だけで話がしたいと言った。何やら話があるらしい。私も退席を促された。三〇分ほど外で待っているとハギと大臣が出てきたが、二人とも満面の笑みを浮かべていた。大臣が、ハギに良い知らせを伝えたらしい。どんな知らせだったかは、教えてもらえなかった。

生産者間のアヘン競争

さて、それでは他に解決策はあるだろうか？

一部のアナリストは、一九七〇年代のトルコの事例がアフガニスタンを前進させる手本になり得ると言う。当時、トルコは世界のヘロイン取引の主たる供給源としてその悪名をとどろかせていた。実際、一九七〇年までにアメリカに密輸されたヘロインの八〇パーセントが、トルコの西アナトリア高原で収穫されたケシを原料としていた。そこから、ケシは加工のためにはるばるマルセイユまで運ばれ、太平洋を越えて輸出された。マルセイユは、トルコ産ヘロインが生む何億ドル分もの取引を仕切っていたコルシカ系マフィアの重要拠点だったのだ。いわゆる、フレンチ・コネクションというやつだ。

事態を変えたのは、トルコが軍事・経済ともにもっとも関係の深かったといえるアメリカからの圧力だった。一九七一年六月、ニクソン大統領との交渉を経てトルコの首相はケシ栽培の全面的禁止を宣言し、翌年にその法律が施行された。それに対し、アメリカは三五〇〇万ドルの補償金を提供した。その計画はトルコにとっては成功したが、すぐにメキシコが、次に東南アジアが供給源となったため、世界のヘロイン取引はほとんど足取りを乱すこともなかった。

とはいえ、トルコの努力は報われたのだ。

国内のケシ生産を制御できるようになり、麻薬王たちが原料植物の供給源をよそに求めて出ていったトルコ政府は再びケシ栽培を検討しはじめた。ただし、今度は合法な目的だ。

そして一九八一年、アメリカ政府は、後に「八〇－二〇ルール」として知られるようになったルールの下に、「特別市場保護保障」をトルコとインドに与える法案を可決した。これは、アヘン剤をベースとした医薬品の世界最大の消費国であるアメリカが、アヘンケシの全輸入量の八〇パーセントをアヘン生産国であるトルコとインドから購入することを約束したものだ。

この取り決めは以来ずっと有効のまま、今も継続している。その結果、トルコの国庫は毎年約六〇〇〇万ドルという莫大な額で潤っている。

このようにして、トルコは世界最大の違法ケシ供給国から、世界四大合法ケシ生産国のひとつとなった。アヘン剤をベースとした医薬品のために、注意深く管理・認可されたケシ栽培プログラムに基づいてケシが栽培される。

二〇〇五年、調査系「シンクタンク」（アフガニスタンにはこの手の組織が山ほど存在する）のセンリス・カウンシルが、アフガニスタンの経済発展と世界のヘロイン供給における中心的役割の問題について、新たな解決策を提案した。センリスは、国際社会がアフガニスタンのアヘンケシを根こそぎ買い占めて、一九八〇年代のトルコのようにアヘンをベースとしたモルヒネなどの鎮痛剤を製造すればいいのではないか、と言うのだ。そしてこうした鎮痛剤を発展途上国、特に中南米で販売すればいいと主張する。

残念ながら、ものごとはもちろんそんなに単純ではない。モルヒネに対する世界的ニーズが増えているからといって、必ずしもそこに需要があるとは限らないのだ。現在、世界中のアヘン剤をベースとした鎮痛剤の八〇パーセントを、世界のもっとも豊かな国々のうちわずか六カ国が消費している。アメリカ、イギリス、カナダ、オーストラリア、フランス、ドイツだ。

今のところ、アフリカ、アジア、中南米の広範にわたる地域（世界人口の八〇パーセントを占める地域）で、アヘン剤をベースとした鎮痛剤はほとんど使われていない（世界の供給量の六パーセント）。鎮痛剤が欲しくても、費用がネックとなるのだ。

とはいうものの、アフガニスタンのケシ供給の一部を合法化するという考えには、何かしらの意味があるかもしれない。現在、世界の合法アヘン供給量の九〇パーセント以上がたった四カ国で生産されている。インド、オーストラリア、トルコ、フランスだ。これらの国で栽培されたケシは、ごく少数の欧米製薬会社（イギリスの大手企業グラクソ・スミスクラインやジョンソン・マッセイ、アメリカのジョンソン・エンド・ジョンソンなど）の手でモルヒネやコデインといった鎮痛剤に姿を変えている。

一部の国はアヘン生産にハイテク技術を取り入れているが、インドの農家などは、アフガニスタンの農家と同じような昔ながらの方法で生産を続けていても十分暮らしていけるだけの収入を得ている。基本的には、ケシの球根状の果実から手作業で樹脂を採取し、茶色くねばねばした状態になるまで天日で乾燥させるだけだ。

インドの農家は、収穫高を上げると一キロあたりの価格が高くなるという見返りを受けられる。だから、たとえばある農家が四〇キロのアヘンを育てて取り決めどおりすべて政府に売れば、一キロあたり五〇ドルを受け取れる。だが、仮にその農家が違法な麻薬密輸業者に売るために一〇キロを隠したとすると、残りの三〇キロに対しては一キロあたり三〇ドルしか受け取れない、という仕組みだ。したがって農家は非合法市場で売るために収穫の一部を溜め込むよりも、採れた分はすべて政府に売ったほうがいいということになる。

そうなると、アフガニスタンも、すでにモルヒネを供給している国々——特に、アフガニスタン農家が一番理解しやすい生アヘンという形を供給するインド——との競争に参加させてもらえないのか、と聞きたくなる。

二〇〇五年、インドは国際麻薬統制委員会（ＩＮＣＢ）から、年間最大一二〇〇トンのアヘンを生産する免許を付与された。これはつまりインド政府が、約三万五〇〇〇ヘクタールの土地でアヘンを栽培する許可を約一万六〇〇〇人の農家に与えることができるという意味だ。二〇〇七年にＩＮＣＢは、インドからの生アヘンの輸出量が六〇〇トンをわずかに上回る程度だったと報告した。アメリカがそのうち五〇〇トン、日本が残りの一〇〇トンを輸入した。その六〇〇トンは、アフガニスタンなら容易に供給できた量だ。

アメリカがインド産アヘンの最大の購入国である理由は、「八〇－二〇ルール」だ。この規則では、アヘン剤を使うマリンクロットなどのアメリカ系製薬会社はすべて、アヘン剤の最低八〇パーセントをインドとトルコから購入しなければならない。アフガニスタンで効果の出ないケシ撲滅活動に費やされている資金を、インド農家には作物の種類を多様化させるよう奨励し、アフガニスタンにはケシ栽培の割当量を増加させるために投入したほうがいいのではないかと思わせられる。

ヘラートで出会った本物の商人

アフガニスタンの最西端の州都であり、西はイラン、北はトルクメニスタンと国境を接するヘラートを訪れたときに、もう一つ前向きな方向性が見えた。

この都市は城を中心に構成されている。元々はアレキサンダー大王によって建てられ、今ではアガカーン財団によって愛情たっぷりに修復されている城の周囲には、有名な四本の尖塔《ミナレット》が汚染された大気を突き抜けて埃っぽい空に高くそびえている。かつてミナレットは一二本立っていたのだが、数多くの戦争によって五本にまで数を減らされた。五本目は実に危なっかしく傾いており、行き交う車の振動で倒れてしまいそうだ。

ヘラートの人々は、アフガニスタンの首都カブールで多数派を占めるパシュトゥン人ではなく、タジク人だ。ほんの一五〇キロほど先には国境がある。ヘラートの住民は、首都の人々に対して常に優越感を抱いてきた。店の外に置いた椅子に腰掛ける歯の抜けた老人たちが得意げに自慢するところによれば、カブールが外国人や腐敗した政治家たちの機能不全な巣窟となってしまった一方で、ヘラートは二四時間電気が使えるし、道路は舗装されており、商業地域は繁盛しているという。昨年、ヘラートは首都に二億四〇〇〇万ドル以上の税収をもたらした。他のどの地域よりもはるかに大きな貢献額だ。ヘラートは昔から商人の街だったんだ、と老人たちは言った。

ガファール・ハミザイは、市の中心部を見下ろすオフィスで巨大なデスクの向こうに座っていた。彼はまだ二四歳だが、すでにアフガニスタン有数の成功を収めたビジネスマンだ。ガファールの会社アフガン・サフランは、つい五年前までアフガニスタンではほとんど知られていなかった作物、サフラン（アヤメ科の多年草。香辛料や着色剤に使用される）の国内最大の輸出業者だ。ガファールは、会社の一風変わった立ち上げの頃から、かねて壮大な計画を描いていた。「四年前、イランから五〇〇トンの球茎（サフランの球根）をこっそり持ち込んだんです」とガファール。「合法的にイラン人たちと取引しようとしたんですが、彼らはアフガニスタンと取引したがりませんでした」と言いながら、声を上げて笑った。「本物の商人になりたくて、その上に国を愛したかったら、相当賢くなきゃね」

サフランを初めて育てる場合、一ヘクタールあたり約二・五トンの球茎を植えなければならない。ヘラートの農家はほとんどが土地をジェリブ（約〇・二ヘクタール）単位でもっており、小規模農家は二ジェリブを耕作するのが普通だ。農家がサフラン栽培で人並みに生計を立てようと思ったら、一トンの球茎が必要ということになる。

この年、国際社会がＮＡＴＯの地域復興チームを通じて農家に無料で提供した球茎はわずか五〇トン。一〇〇ジェリブ分にしかならなかった。ケシからサフランへの作物転換に関心を寄せている農家が一〇〇〇人以上いることを考えると、多くの農家が失望させられるであろうことは目に見えている。一方、ガファールは密輸した球茎をすでに一〇〇〇ジェリブ分も提供している。販売価格は一キロあたり二ドルだ。

「僕たちが提供しているのは『サフランのフルセット』と呼んでいるもので、球茎を売るだけじゃなく、サフランをどうやって植え、育て、収穫し、商品の状態にできたらどうやって売り込み、販売すればいいかまでアドバイスするんです」。彼の話し方は、まさに真のセールスマンのようだ。

「今はここヘラートにつくった二カ所の研究所で、サフランの検査と認証をおこなっています。最高のサフランをつくった農家には一キロあたり一五〇〇ドル、世界最高のサフランには二五〇〇ドルだって出しますよ」

彼は冗談を言っているわけではない。今、全世界でのサフランの生産量は年間約三〇〇トンで、そのうちだいたい九〇パーセントがイラン産だ。イラン産サフランはこの二年ほど猛暑に苦しめられ、その結果サフランの国際卸売価格はキロ三〇〇〇ドル以上にまで急騰した。最高品質の物ならその二倍の価格になることもある。イランだけでも、サフランで三億ドル以上の収益を上げている。

この世界的供給へのアフガニスタンの貢献はまだまだ少ない。二〇〇九年には約五〇〇キロが輸出されたが、ガファールは二〇一〇年にはこの量が軽く倍増してもいいはずだと信じている。それを妨げているのは供給不足で、農家に十分な量の球茎を提供することが必要となる。ガファールは、現在生産されている量よりもはるかに多くの需要がアフガニスタン産サフランにはあると確信している。

ガファールの会社の恩恵を受けている農家の一人がハギ・イブラヒムだ。白髪交じりの長いひげに、白と黒の縞模様のターバンをちょっと斜めに頭に乗せたパシュトゥン人農家で、サフランを一番高い値段で売れるよう、最高のサフランの選び方を農業省で勉強するためにヘラートにやってきた。ヘラートの東にあるガルミールという村で、イブラヒムは五ヘクタールを耕す協同組合の責任者を務めている。畑は半分で麦、半分でサフランを育てているが、四年前は一〇〇パーセントアヘンだった。

「アヘンを育てるときには警備が必要だ。常に危険があるから」と彼は話す。「それでも、サフランのことを知らなかったから転換には消極的だった。だが他の農家がいい稼ぎを得ているのを見たら、自分たちもやりたくなった」

農業省はその施設内で農家向けの研修をおこなっているが、イブラヒムは農業省にもっと多くを期待している。「問題は、政府が俺たちに十分な種をくれないことだ。だから中には、サフランの種を手に入れるために牛を売らなければならなかった農家もある。それでも俺たちはサフランを育てて、去年は村でトラクターを買った」

彼の手首には、重そうな金色の腕時計が緩く巻きついていた。最近の買い物は、どうやらトラクターだけではなさそうだ。

ガファールとイブラヒムは、世界の人々だけでなく通訳のアシフのようなアフガニスタン人たちまでがこの国では存在し得ないだろうと思っている、「成功したアフガニスタン人ビジネスマン」の実例だ。

残念ながらその数は少なく、そこを目指す人々は十分な支援を得られていない。ルバート・サンギのケシ農家も、球茎さえ手に入れられれば、あるいはガファールの「サフランのフルセット」を購入するための融資さえ受けられれば、喜んでいくらかのサフランを植えたり、イブラヒムがしたようにケシの代替作物としてサフランを植えたりするだろう。だが今のところは、彼らにはそのどちらもない。

銃の力はもういらない

ケシ撲滅活動のようにすべてが上意下達の対策の問題は、実際に起こっている現実や機微を考慮していないことだ。アフガニスタンにおけるアヘン取引には、実は、前向きな未来があるのかもしれない。

他の条件が同じなら、アフガニスタンからの供給を合法化すれば少なくとも合法な世界のアヘン市場にもっと競争が生まれる。市場が公平な場であれば、アフガニスタンの生産者がインドの生産者や、さらにはヨーロッパの生産者と競合するのを阻むものはあるだろうか？　アフガニスタンの農家は、それでも非合法市場にアヘンを売りたいと思うだろうか？　まあ、思うだろうが、しかしそれはそんなにたいした問題だろうか？　私たちは、このヘラートで何人かの農家の畑を潰したくらいで、世界のヘロイン中毒問題が解決できると本当に思っているのだろうか？

ニューヨークやロンドンの路上にヘロインの需要がある限り、だれかが必ず供給する。私たちが本当に考えるべきなのは、アフガニスタンの農家がちゃんと生計を立てていけるようにするためにどうやって支援していけばいいかだ。それができるようになれば彼らはタリバンや他の軍閥長から融資を受けなくて済むし、自分の畑に仕掛けられた地雷で吹き飛ばされなくて済むようになるのだから。

アフガニスタンには、ビル・ヴァレンティノ（私が中国で会ったCSRの専門家）が「右脳派」と呼ぶ考え方で国際社会が思考する、真の機会が存在する。アフガニスタンは、国を欧米の資本主義と結びつけるような持続可能なプロジェクトを必要としている。それが与えられないなら、その空白を埋めようと待ち構えている中国人投資家たちが大勢いることは間違いない。実際、最近中国資本でカブールの南に開かれた新しい銅山は、中国がすでに動き出したことを示している。

ゴールは、農家を闇から引っ張り出して、本来あるべき経済へと戻すことだ。ここにこそ、国家建設の成否がかかっている。どのような戦略も、農家に作物の一部を合法的なものに転換するよう奨励する必要がある。

もちろん、アフガニスタンには、主要産品をもっと多く自給するニーズがある。ルバート・サンギの麦畑は、そのニーズが認識されつつあることの証明だ。だが農家は換金作物も必要としており、それがもうアヘンではいけないというのなら、他の何かが要る。

何十年も続いた戦争は、アヘンの密輸業者以外からの融資を農家に与えず、そのため農家は非合法なアヘン栽培を余儀なくされた。この負の連鎖を断ち切るには、ハギのような農家に融資とサフランなどの代替作物を提供し、欧米のアメリカやスペインのようなサフランの大量消費国へ生産物を売るための市場へのアクセスも提供しなければならない。ヘラートのサフラン農家、イブラヒムが指摘したように、合法的に収入を得ている農家は警備を必要とせず、それほど銃に依存しなくても済むのだ。

だが悲しいことに、このアプローチは「大きな計画」からこぼれているため、十分な支援を得られていない。問題は、アフガニスタンにおける私たちの優先順位が完全に間違っているということだ。

麻薬王や過激派が活動できるような環境を生むのは、アフガニスタンで続く貧困だ。アフガニスタンの経済はいまだに農業生産に依存しており、国富の成長はそれによって可能となる。農産物だけでも、貿易を大きく促進できるかもしれない。それが貧困を削減し、ひいては平和を推進できるのだ。

だが今のところ、アフガニスタン人は苦しみ続けている。兵士たちの命は危険にさらされ続け、麻薬撲滅活動は目に見える進展もないままだ。薬物乱用などの実に欧米的な社会的問題に対するわかりやすい解決策と思われるものを追求する一方で、タリバンとの戦いを続けるのは、理論上は非常に簡単なように思える。しかし現実には、それは非常に非倫理的かつ不公平な政策であり、アヘン取引で利益を得続ける人々以外はだれの助けにもなっていないのかもしれない。

7

彼らが問題を抱えているときは、私も同じ問題を抱えているのよ。

DIY《Do It Yourself》——自力でやる

タンザニア・キリマンジャロ

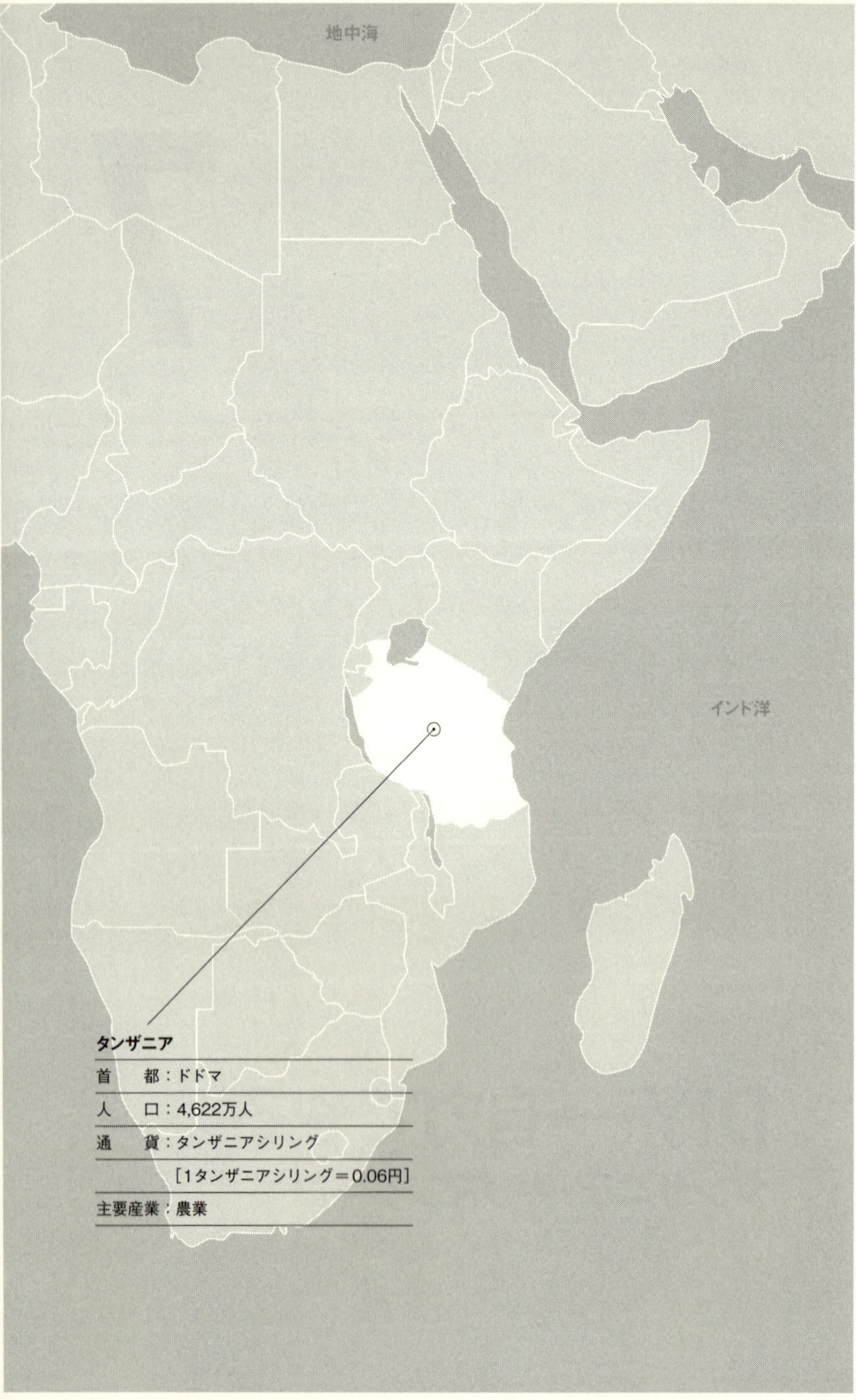

タンザニア

首　都：ドドマ
人　口：4,622万人
通　貨：タンザニアシリング
［1タンザニアシリング＝0.06円］
主要産業：農業

小さな村の大きな転換

ひょっとすると、アフガニスタンとグロスターシャーとの間に（ひとつの話題で一緒に出てくることはまずない二カ所だが）、サフラン起業家のガファール（第六章）と倫理的コーヒー商のデイヴィッドとイアン（第二章）について何か、もっとじっくり見るべきものがあったのではないだろうか。彼らの小規模企業がより倫理的な経営をおこないつつ、それでも同時に十分な利益を上げられたのはなぜだろう？

この力学がどのように作用しているかをもっとじっくりと見るために、私はデイヴィッドとイアンの倫理的コーヒーのサプライチェーンを、その産地タンザニアまでさかのぼることにした。

ふもとに住んでいても、雪をかぶったキリマンジャロの頂上はめったにお目にかかれるものではない。このアフリカの最高峰は常にすっぽりと雲に覆われているので、頂上にたどり着くごく少数の冒険好きな連中も、大した眺めは楽しめないだろう。だが登る途中、標高一八六〇メートルあたりで立ち止まれば、バナナ園とコーヒー畑が見えるはずだ。熱帯雨林が途切れたすぐ下に立ち並ぶ約一五〇世帯から成る、オレラ村の中心に広がる農園だ。

オレラに住む人々は主に小自作農家で、山の斜面に植えられた作物は五〇年前からほとんど変わっていない。だが村の若者、リリアニが、子どもの頃はだいぶ違ったという話を聞かせてくれた。

「うちの両親はコーヒーを信頼できなくなったんだ。価格が下落したから、コーヒーの木を全部引っこ抜いてトウモロコシとバナナを植えた。けど、それでもおじさんたちは村を出て街へ出稼ぎに行かなきゃならなかった。だれもコーヒーを信頼しなかった。でも、今また価格が上がりはじめたから、信頼が戻ってきた。みんなまたコーヒーを植えているよ」

山に住む人々にとって、コーヒーの重要性は軽視できるものではない。過去二〇年間、この村はひどく苦労してきた。まるまる一世代分の男たちが村を出て、二度と戻って来なかったのだ。コーヒーはこの村唯一の換金作物で、リリアニたち村人は市場で決められた価格に生活を左右される。

だが、ごく最近、それが変化した。新たな買い手が現れたためだ。

村は、イアンとデイヴィッドがグロスターシャーで経営するエシカル・アディクションズにコーヒーを売るようになった。デイヴィッドとイアンが、それまで農家が受け取っていた価格の二倍近い額を払えると見込んだ、と言ったことを思い出してほしい。それまで、村はコーヒーをすべて地元の一次協同組合「キリマンジャロ・ネイティブ・コオペラティブ・ユニオン（KNCU）」経由で売り、その豆がスターバックスのような多国籍企業に売られていた。

だがオレラの農家は、KNCUに背を向け、パッケージに倫理的認証ロゴが何もついていないイギリスの小さな会社を相手にしたほうが得な取引ができると気づいたのだ。とはいえ、リリアニたちはイギリスのコーヒー市場への新たな入り口を自力で見つけたわけではない。ある隣人がつくったコネの恩恵を受けたのだ。

一般的に、タンザニアは外国直接投資（FDI）に対して好意的態度を取っており、過去二〇年間はFDIを奨励するために多大な努力を費やしてきた。政府はタンザニアへ働きに来る外国人にも門戸を開いているが、土地の所有権については制約が厳しい。タンザニアでは、土地はすべて国有だ。一九九九年に土地法が制定されて以来、外国人は土地の購入・所有ができなくなり、タンザニア投資センター（TIC）を通じて政府から借りなければならなくなった。そして、TICが外国人投資家に貸し出せる区画の数は限られている。

今のタンザニアは、過去には大部分が政府主導だった経済から、民間企業が主役を務める経済へと移行している最中だ。今も農業が主な産業で、人口の八〇パーセント以上が大地で生計を立てている。

善意ある新たな植民地主義者

オレラ村の隣にある農場は、ベンテ・ルーサー＝メドックという女性が所有している。私が会いに行ったとき、ベンテは丈夫なカーキパンツにごついウォーキングブーツ、きっちりとポニーテールにまとめた髪をたくし込んだカーキ色のミリタリーキャップという出で立ちだった。彼女が土地の境界線へと丘を上がっていく姿はまるで昔の植民地主義者で、当時はタンガニーカと呼ばれていたこの地でドイツ人農家が広大なコーヒー農園を経営していた第二次大戦前に戻ってしまったかのようだ。だが、ベンテは善意のある、新たな植民地主義者だ。

社会主義政府から約一〇〇〇エーカーの土地を借りたベンテは、荒れ放題だった農場を最高水準のコーヒー農園へと変貌させた。引っ越して来たときはコーヒーについて「ほとんど何も」知らなかったというが、ここに腰を落ち着けようと決めた彼女は、コーヒー栽培について知るべきことをすべて学ぶという目標を立てた。ケニアの古い知人たちの専門知識に頼って農園をはじめ、そこから一生懸命努力して、アフリカ有数の高品質コーヒーを栽培する農園という評判を確立するまでになった。

ベンテは、タンザニア政府が施行している厳しい法律の範囲内で事業をおこなわなければならない。つまり、賃料を払っている。毎年、農園に直接投資する費用に加え、ベンテは一次協同組合に四万五〇〇〇ドルを支払う必要がある。

彼女の悩みの種は、ここに至るまでにどれだけ費やしてきたかを周辺の村の人々が必ずしも理解してくれるわけではないということだ。「彼らは再投資というものを理解していないから、私が腐るほど金を稼いでいると思っているのよ」とベンテは笑った。「それに、農園をここまで育て上げるのにかかった投資費用も理解してくれないわ」。しかし、そうした誤解がわだかまって恨みになることはないようにしている。

初めてキリマンジャロにやって来たとき、村ではすでにコーヒーが栽培されていたが、ベンテは住民がその可能性を最大限に生かしていないことに気づいた。「当時はまだコーヒー豆をそこらへんのボロ切れの上に広げて乾かしているだけだったわ。赤ちゃんがおねしょしたような布によ」。思い出しただけで不快そうに顔をしかめる。「コーヒーはものすごく匂いを吸収しやすいの。だからそんなコーヒーの味がどうなるか、想像がつくでしょう」

発展途上国の小自作農家の課題は、高い価格を保証するために生産物の品質をいかに向上させるかだ。品質向上には投資が必要だが、農家はその方法がわからないか、それを実行する元手がない。いくらやる気があっても、貧しい地方村落で本当に品質向上を実現させたかったら、変化を呼び起こす方法を見つけなければならない。あるいは、変化を呼び起こしてくれるだれか――ノウハウとやる気があって、ずっと現地にいてくれるだれかを見つけるかだ。

オレラ村やその周辺の村の近くに住んでから、ベンテは自分の農園を築き上げると同時に、隣人たちへの支援も熱心におこなってきた。

たとえば去年は地元の鍛冶工と協力し、煙突つきの調理用コンロを考案した。それまで、村人は家のど真ん中で火を焚いて調理をしていた。つまり、常に煙に包まれて生活していたということだ。アフリカのこの地域を旅したことのある人なら、泥小屋の藁葺き屋根が一日中黒い煙でいぶされ続けている光景を目にしただろう。だがベンテの煙突つきコンロのおかげでオレラの家は煙に悩まされることがなくなり、さらにはコンロの熱効率がとても良いので薪の使用量が七五パーセントも減少し、森林破壊の軽減に著しい効果をもたらした。これは、ベンテが主導した見識ある取り組みのごく一部に過ぎない。

「こういうプロジェクトで大変なのは、ずっと現場にいなきゃいけないってことね」とベンテ。「ただお金を渡して置いてくるだけじゃだめなのよ」

村は、あらゆる段階で助けを必要とする。高品質コーヒー生産者の育成も同様だ。ベンテは流暢なスワヒリ語を話す。プロジェクトの推進に、それは不可欠な要素だと彼女は考えている。

「仕事を進めるには対話が必要でしょう。タンザニアのプロジェクトの多くがぐちゃぐちゃになってしまっているのは、上の人間がスワヒリ語を話せなくて、信頼できる通訳を見つけるのがとても難しいからよ。へたな通訳だと自分の意見を言ったり、内容を変えて通訳してしまったりするから」

オレラ村の中心に、これまたベンテの取り組みで新設されたコーヒー豆選別小屋がある。その屋根がつくる日陰に座りながら、村の暮らしが最近どれだけ変わったかについて村人たちが語ってくれた。集まってくれたのは二〇人ほどの、主に女性と若い男性から成るグループだ。

フリーダ・ンガウィは背が高く堂々とした風格の女性で、鮮やかなオレンジ色のヘッドスカーフとゆったりとした茶色のシャツを身に着けている。カシューナッツの殻を外しては膝に置いたボウルにナッツを入れていた。殻を外しながら、静かに話しだす。

「前は、一キロあたり一八〇〇シリング（一・三八ドル）もらっていたよ」。一瞬ボウルを置き、私がちゃんと聞いているかを確かめるように長い人差し指を立てた。そして、にっこりと微笑むと声を一オクターブ高くした。「でも今は同じコーヒーを四〇〇〇シリング（三・一四ドル）で新しい買い手に売ってる」。新しい買い手とはもちろん、デイヴィッドとイアンのことだ。

その新しい買い手は頭でもおかしいのかと思わなかったか、と聞いてみる。

「まさか！　頭がおかしいわけなんかないよ！」フリーダは楽しそうに大声で笑った。「選別小屋と自分たちでやっている豆挽きのおかげで、前よりもいい品質のコーヒーがつくれるようになったよ。村の人たちには、高品質のコーヒーしか売っちゃいけないと話してる。もっとがんばって、コーヒーの品質が値段に見合うようにしたいねえ」

認証の罠

彼らの協同組合が倫理的認証を受けていてコーヒー価格が史上最高値をつけていたにもかかわらず、オレラの農家が受け取っていたのは一キロあたり一・三八ドルという微々たる金額だった。その理由は、協同組合に入る金額の大部分が、協同組合の長に支払う人件費も含む管理費に費やされていたからだ。

思い出してほしいのだが、デイヴィッドとイアンによれば、KNCUに入る一〇〇ドルのうち、最大三〇ドルから四〇ドルまでもが長老たちの懐に入る場合もあったのだ。

KNCUは組合員を一〇万人以上抱える、非常に強力な組織だ。「間接費も膨大になるのよ」とベンテ。「事務所もあるし、給料を払わなきゃいけない従業員もいる」。この協同組合はいくつもの倫理的認証団体に認証されて監査を受けており、アメリカやヨーロッパのクラフトフーズやセインズベリーズのような大手企業にコーヒーを売れば倫理的割増金《プレミアム》を得ることができる。

だが実際に村人の手に渡るのは、なんの認証も受けずにデイヴィッドとイアンに直接コーヒーを売った場合に受け取れる額の半分だ。それなら、認証を受けた協同組合への加盟は、村人たちにとって最善の選択肢とはならない。

倫理的認証団体の多くが、農家の利益を守る最善の手段であるとして、農家が協同組合に加盟しなければならないようなモデルを最優先してきた。そして、協同組合は農家を代表して大口顧客に生産物を売ることが奨励される。集団で活動したほうが有利な価格が得られる、というのがその理屈だ。

だが実際にはこれが間違った考えであることを、オレラの実例が示している。オレラの村人たちは小規模ながら高価値志向の欧米企業と直接取引することで、自力でずっと高い価格を得ることができたのだから。

消費者がコーヒーや紅茶、それに限らず他の製品を買うときでも、倫理的認証だけに目を向けるのではいけない、とベンテが考えるのはこのためだ。そして、認証商品には割増金が提示されるとしても、村人との活動はもっと直接的であるべきだと考えるのも同じ理由からだ。

「私の所のような農園にとっても、唯一の選択肢は小規模企業よ。大手企業は常に価格を引き下げようとするから。たしかに認証に対する割増金は支払われるけど、ここでやっているすべての手間を考えたら、それでは暮らしていけないわ」

ベンテは厳しい審査を経ていくつもの倫理的認証団体に自分の農園を登録したものの、それが金づるになるとはまったく思っていない。顧客が認証を求めたとしても、実際のところ、一キロあたり数セントずつにしかならない上乗せでは、ほとんど元も取れないのだ。

「くだらない割増金のためにやってるわけじゃないわ。どっちみちやることだもの。私は予算をきちんとつけてないし、そもそも今やってることのほうが割増金よりもずっと費用がかかるのよ、時間がかかることは言うまでもなくね」

ベンテは、今のように村での支援に時間を費やさなければならないことに、やや憤慨しているようにさえ見える。忘れてはならないのは、彼女が土地の賃借料として一次協同組合に毎年四万五〇〇〇ドルを支払っていることだ。

「私に言わせれば、その金額だけで全部面倒を見てくれて、私はそれ以上何もしなくていいはずなのよ。組合は私が払ったお金を使って、ちゃんと自分の仕事をするべきだわ」。彼女は首を振り、地面を蹴っている足元に目を落とした。

現実には、彼女の支払った金額も、社会的割増金としてKNCUに支払われた金額も、村にコンロをつくったり、選別小屋を建てたり、その他ベンテが実施したいくつもの取り組みのどれかを実行したりするために使われてはいない。自分が抱いているような責任感を必ずしも周りの人間ももっているわけではないということに気づくまでに、ベンテは数年を費やした。

その上、ベンテによればKNCUは村人たちがよそで商売をしていることに若干の不満を覚えてさえいるとのことだ。

それは自分の責任ではない、と彼女は主張する。単に彼女の農園を訪れる買付人たちが近隣の村でも何がつくられているのかに興味をもち、そしてそこで見たものを気に入ったというだけだ。だがKNCUは、自分たちの利益を脅かす存在としてベンテを見るようになってきている。

　利益の一部を、豆の洗浄や乾燥をおこなうための選別所をつくる建材に再投資するようにと村人に助言したのはベンテだ。協同組合とは別に独自にコーヒーを売るためにはある一定水準まで品質を上げなければならず、そのために農家は協力して一生懸命努力しなければならない。そして彼女は選別所の使い方を教えるため、かなりの時間を割かなければならない。

「私には他の農家や商人、インターネットから情報を得られるという利点があって、そこで得たノウハウを共有することは自分の責任だと思っているわ。もちろん、私だって最初は勉強しなきゃいけなかった。農園をはじめようと決めたとき、どうやって農園を経営するのかを学ぶ必要があったもの。ただ、今は他の人に教えることができるようになったというだけ」

　村はベンテの敷地に隣接しているので、同じ環境的問題に直面することが多い。つまり、彼女には村人たちがどんな助けを必要としているかが正確にわかるのだ。「彼らが問題を抱えているときは、私も同じ問題を抱えているのよ」と悲しげな笑みを浮かべた。

　村の選別小屋には現在、七四軒の小自作農家が育てた豆が持ち込まれてくる。彼らは協力して豆の洗浄と選別をおこない、売上は分配する。一次協同組合の外で活動する、独自の協同組合だ。選別小屋に品質の低いコーヒー豆を持ち込む農家がいたら、追い返される。品質の悪い豆が他の豆に混ざってしまうことで評判を落とすような危険は冒せない、ということを村人たちは学んだのだ。

そして、ここにイギリスの販売者にとってのチャンスがある。二つの側面から売り込める商品があるのだ。まず、単一農園コーヒー市場の最上層部に売り込むだけの品質があるということ。この市場での価格は高く設定されているため、純粋な市場主導の割増金が上乗せでき、農家が高い品質を維持できている限りはその価格が持続する。そして次に、利益を直接農家に還元していることを消費者に保証し、それによって来年も再来年もコーヒーが提供可能だと約束できるのだ。

村人たちは、コーヒーを買うのに必要以上に金を払ってもいいと思う人間がいるということを理解できない。フリーダは、新しい買い手たちはやり手のビジネスマンだから「彼らには彼らの理由があるんだろうよ。ただ働きするわけはないから」と自信たっぷりに言う。「だれだって、利益を出さないとね」

これは、オレラの人々がこれまでに実現してきた改善に対して抱く誇りと矛盾しているようだ。品質が高ければ対価をもっと受け取れるという理屈はわかるのだが、デイヴィッドとイアンが支払う倫理的割増金の根拠が通じていない。

私はフリーダや他の女性たちに、こんなたとえを出した。ある日市場に行ったら、いつもならトマトが一キロ一ドルのところ、たったの五〇セントで売っている商人がいたとする。どうしてそんなにトマトが安いのかと商人に聞いたら、農家をぶん殴ってトマトを盗んできたからだと答えた。そこでフリーダに聞いてみる。「どっちのトマトを買う?」

この難問に答えるため、彼女は時間をかけて仲間と相談し、最後にこう答えた。「安いほうを買いたいと思うだろうね。でも結局は買わない。罠かもしれなくて、買った瞬間に警察が捕まえに来るかもしれないから」

紅茶《ティー》夫人《レディ》の情熱

「不純な」動機で倫理的農業をやっているのは、どうやらベンテだけではないようだ。サプライチェーンの反対側にあるロンドンで、別の女性が倫理的農産物の供給者としてかなりの名声を上げていた。こちらの商品は、アフリカ産の紅茶だ。

「はっきり申し上げておきますが、私がこの商売をはじめたのは倫理的でありたいからではありません。ただ、紅茶が大好きなだけなのです」

ヘンリエッタ・ロヴェルは、一風変わった人物だ。私なら、小説から飛び出してきたような、と表現するだろうが、実は本当に小説の登場人物なのだ。アレグザンダー・マコール・スミスが、著書『コーデュロイ・マンションズ(Corduroy Mansions)』に彼女を登場させ、不朽の名声を与えた。作品中で主人公が「黒髪の優雅な女性」に出会い、彼女を「紅茶夫人《ティー・レディ》」と呼ぶのだ。

ヘンリエッタがマコール・スミスに会ったのは、彼女が扱う希少紅茶の新商品を宣伝するために主催した試飲会でのことだった。レア・ティー・カンパニーは、ヘンリエッタが自らの紅茶に対する情熱をイギリスの消費者に伝えようと、二〇〇四年に立ち上げた会社だ。ヘンリエッタに言わせれば、ワインがフランス文化にとって重要なのと同じくらい、紅茶はイギリス文化にとって重要なのだ。「フランス人が安物ワインの《ピア・ドール》しか飲まなかったり、イタリアで買えるコーヒーがネスカフェだけだったりしたらどう思います?」

それはさすがになさそうだ。だが、良い紅茶に対する関心の低さが象徴するイギリス文化への損失も、同じくらいのものなのだと彼女は信じている。

つい最近の一九六八年まで、イギリスの紅茶党がティーバッグを使う割合はわずか三パーセントだった。だがいつのまにか、ティーポットはティーバッグに取って代わられた。

ヘンリエッタは、紅茶ブランドのテイラーズオブハロゲートが販売する《ヨークシャー・ティー》のような紅茶の広告に責任があると言う。「紅茶は、労働者階級の男たちがヨークシャーでつくっているわけではないんですよ」。思い出しただけで呆れてしまう、といった表情を浮かべる。もちろん、私たちイギリス人が飲む紅茶のほとんどはインドとアフリカからやってくる。そして消費者がティーバッグに乗り換えるようになると、世界的価格競争が勃発したのだ。

ヘンリエッタによれば、イギリスに輸入される紅茶のほとんどが今は「低品質」、つまり彼女が言うところの安上がりに生産されたものだという。ヘンリエッタにとっては、本物の香りがする紅茶は丹精こめて栽培しなければならず、それには時間もかかり、結果的には高い額を払わなければ買えない。

だが私たちがティーバッグで飲んでいる安物の紅茶の場合、価格は国際市場で決定されるため、生産者にとってのインセンティブは、どれだけ多く生産できるかということになる。生産量を増やさなければ、利益は増やせないのだ。こうした熾烈な競争を生むやり方では、第三世界の生産者は生産コストよりも低い値段で作物を売らなければならない場合が多い。「そんなに安くものをつくれるということ自体がばかげてますよ」とヘンリエッタは言う。

ヘンリエッタの活動の基礎は、「上質な紅茶」と彼女が呼ぶものから私たちイギリス人が離れてしまった歴史だ。それは、第二次世界大戦の食料配給にまでさかのぼるのだそうだ。私たちは昔どんなものを飲んでいたかを忘れてしまい、やがて、タンニンが強く香りがわかりやすい安物に夢中になってしまったのだ。

当初、ヘンリエッタは輸入元を世界最大の茶葉産出国であり消費国でもある中国に限定していた。収入の割合で見ると、中国は私たちが収入の中から飲酒にかけるのと同じくらいの割合の額をお茶に使っている。中国では高品質なお茶はとても人気があり、農家は相手がいくらでも出すとわかっているから強気な価格を設定する。「あちらでは、公正な取引やそれに類するようなものは何もありません」。自分が買い付けている中国茶葉がどこで生産されているのかを見るため、何度も中国を訪れたヘンリエッタはこう言う。「農家の言い値を払わなければ、他へ売られてしまうだけです」

そして、中国で多くの若者が都市部へ出稼ぎに行ってしまう現状がある中で皮肉なのが、田舎での茶葉摘みが今は高賃金の仕事だということだ。茶葉産業は現在、高齢世代の、特に女性労働者に支えられている。彼女たちのもつ技術と経験は貴重なため、高給が支払われるのだ。「私が見てきた限り、あそこでは搾取されている人はいません。どちらかというと、おばさんたちの井戸端会議といった雰囲気ですね」

茶摘み労働者が搾取されているなど、アフリカに行くまでは考えたこともなかったとヘンリエッタは言う。彼女をアフリカに向かわせたきっかけは、二〇〇九年に『タイム』誌が「イギリスの『脱ティーバッグ化』に挑む風変わりな女性」として組んだ彼女の特集だった。メディアへの露出により当然レア・ティー・カンパニーの名はまたたく間に業界に知れ渡り、生産者たちが次々と現れては接触してきた。そしてある日、アフリカの切手がべたべたと貼られた靴箱が玄関先に届いたのだった。

「まさに箱一杯に茶葉が詰まっていました。同封されていた手紙はマラウィに住むアレグザンダーという名の男性からで、このお茶を飲んでみてほしいと書いてありました」。もちろんその茶葉はすばらしかったが、何より意外だったのは、それがまさしく彼女の探し求めていた紅茶用の茶葉だったことだ。「自分がばかみたいに思えました。アフリカ大陸を丸ごと、大衆市場向けの低品質な茶葉しか生産していない場所として見過ごしていたんです」。彼女は、すぐさま飛行機に飛び乗った。

マラウィは、商品のラインナップに加えられる紅茶を探してヘンリエッタが訪れた最初の国ではなかった。それ以前にスリランカへも紅茶を探しに行っていたが、満足できなかったのだ。「大衆市場向けの商人と会ったのは、スリランカが初めてでした。だれもが低い価格で売っていて、品質は最悪でした。農園の多くがイギリス人所有だったのですが、農園の労働環境にも懸念を覚えました」

そのとき、彼女は単に茶葉を安く生産して低い価格を提示するような生産者より、長期的な関係を構築できる農家を見つけることのほうが大事だと気づいた。そしてマラウィでアレグザンダーに会ったとき、彼女は彼こそ協力すべき相手だと一目でわかった。「初対面から冗談を交わして、彼がいい人だということがわかりました。中国の農家とはあまり冗談など言いませんでしたから」

その年、ヘンリエッタは売れるあてもないのに、アレグザンダーから六〇〇キロの茶葉を購入した。アフリカ産高級紅茶の市場はまだ紅茶専門店や高級レストラン以外に存在せず、イギリスの高級レストラン「ファット・ダック」を含むそういった店の多くに、ヘンリエッタはすでに紅茶を卸していた。だからアレグザンダーのマラウィ産紅茶をすべて売るためには、大手スーパーを取り込む必要があった。

最初は、まったく関心を得られなかったという。「高級商品としてアフリカ産紅茶を売ってくれ、とただ頼むわけにはいきません。笑い飛ばされるだけですから。まずは市場をつくらなければなりませんでした」。ここで、あの著名なスコットランド人作家が登場するわけだ。

マコール・スミスはヘンリエッタと同様、大の紅茶好きだ。アフリカ南部で生まれた彼は、アフリカが安い劣悪な商品以上のものを生み出せると強く信じている。ヘンリエッタはエディンバラのスミス宅を訪れ、紅茶の買い付けに至った過程を説明した。作家は、すぐにわかってくれた。

「彼はこう言いました。『よし、そうだな、名前は《ロスト・マラウィ（失われたマラウィ）》にしよう』。商品名で悩んでいたところだったから最高でした。そして、パッケージに載せる掌編をいくつか書いてくれると言ったんです」。これこそ、ヘンリエッタの求めていた口火だった。イギリスの高級スーパー、ウェイトローズが関心を示し、すぐさま紅茶を仕入れはじめた。

「その頃、劣悪な品質なのに倫理的認証を受けてアフリカから輸出されている紅茶が山ほどありました」とヘンリエッタ。「ですが、このアフリカの製品は世界中の最高品質の商品と並べてもひけをとらないんです」。そして、彼女は自分の商売がマラウィに与えている影響に満足している。

二〇一一年、彼女はすでに四トンの茶葉をアレグザンダーに注文しており、彼がフェアトレード市場で売っている低品質な紅茶の一〇倍の価格を支払っている。「茶葉はマラウィの二番目に大きな輸出品で、あの国の平均寿命は四〇年から四五年です。ティーバッグが安いのには理由があるんですよ、たとえフェアトレードのものだとしてもね」

ヘンリエッタは、高品質の製品を農家から買い付けて売るための新たな市場を確立した。彼女がいなければ、農家は安価な大衆市場向けに作物を生産するだけだっただろう。ヘンリエッタが買う茶葉の価格は品質によって決まるので、農家は生産に時間をかけるようになり、そうすれば高い価格が保証されるようになる。

重要なのは、茶葉が量ではなく香り重視で栽培され、収穫され、商品化されることだ。そして、それがヘンリエッタの倫理的資質の源だ。

彼女は、特定の倫理的認証ロゴを自社製品につけたいという思いで活動しているわけではないが、その商法と取り組み方は少なくとも私には、倫理的認証ロゴに値するように思える。

小が大を制す

小規模企業が功績を認められるのがとても難しい現状において、ヘンリエッタはそれを成し遂げてきた。キャドバリーがデイリーミルクチョコに倫理的認証ロゴをつけたときに浴びたような全国メディアからの注目を、ヘンリエッタが浴びることはまずあり得ない。それに、ベンテは地元の人々を支援するために多くの時間を費やしているが、それでも協同組合の敵とみなされている。

そして、これは発展途上国だけの話ではない。今年、ヘンリエッタは自社製品を故郷の倫理的活動とタイアップさせた。それによって同時に、自分のマーケティングの背景にあるメッセージを広く伝えることもできるのだ。第二次世界大戦の厳しい時代、良質な紅茶への嗜好が安物の紅茶に対する好みにすり替わってしまったと彼女が信じていることをご記憶だろうか。

この主張を伝えるため、ヘンリエッタはイギリス空軍と共同で短編映画を製作した。「ブリテンの戦い」から七〇周年を記念したこの映画は、イギリスの紅茶党に、祖父母たちが飲んでいた紅茶を再発見するよう訴えかけるものだった。年配のパイロットたちを魅了すべく、彼女はわざわざ伝統的なスタイルの紅茶を用意した。それが、戦争と配給の時代以前に彼らが飲んだ紅茶の味にもっとも近いと思われたからだ。

マラウィ産茶葉の一部を使って彼女が淹れた紅茶をパイロットたちはいたく気に入り、それが彼女にヒントを与えた。イギリス空軍の赤と青のマークをパッケージにつけた伝統的スタイルの紅茶を新商品として開発し、小売価格の一〇パーセントを退役空軍兵のための救済基金「イギリス空軍協会ウィングス・アピール」に寄付すると約束した。

二重に倫理的なこの商品を、ヘンリエッタの常連客がこぞって仕入れたと思うだろう。だがそうはいかなかった。

「まだ関係が構築できたばかりの頃でしたから、また別の紅茶を仕入れてくださいと頼むにはちょっと早すぎたのかもしれません」。イギリス空軍は、この新商品の紅茶をできるだけ多くの人に売るようヘンリエッタに求めた。もっと大きな小売店で売るべきだと考えたのだ。「ですが、小さな会社がスーパーの仕入れ担当と会うだけでもものすごく難しいことです。商品を仕入れてもらうよう説得するのはなお難しいのですから、創意工夫をしなければ」

ヘンリエッタは、全国展開していて品質に定評のあるセインズベリーズが理想的な選択肢だと結論づけた。そして商品を試してもらうよう説得するのに、型破りな方法をとった。

「食料品部の責任者に会いたいという伝言を残したんですが、用件は『極秘』だと言ったんです。電話では一切詳細は明かせないと」。どうやら、空軍のお友だちからちょっとした裏技を教わったらしい。そして約束当日には、正装軍服に身を包んだ空軍少佐を伴って行った。「アフガニスタンから帰還したばかりの人にノーとは言いづらいでしょう」。こうやって、相手の関心を引きつけたのだった。

現在の市場で難しいのは、しっかりとした倫理的認証を受けた品質の良いイギリスのブランドを開発することだとヘンリエッタは言う。だが、根本的に重要なのは、どちらが欠けてもいけないことだとも彼女は考えている。「品質を伴わずにただ認証だけ前面に出してもだめです。両方を提供しなければ」

最初に消費者を引き寄せるのは認証かもしれないが、その後繰り返し買ってもらうようにするのは品質だ、と彼女は強く信じている。

セインズベリーズは、ヘンリエッタのイギリス空軍紅茶の仕入れに合意した。だがスーパーが合意するのは商品を売ることだけで、客が買うかどうかはまた別問題だ。一方、農家には前払いが必要で、ヘンリエッタがリスクを負わなければならない。彼女は、今後一二カ月間にわたって茶葉を供給し続けるのに十分だと思われる手付金を支払った。「これにすべてを賭けたんですよ」と彼女は言う。

執筆時現在、イギリス空軍紅茶はスーパーの棚に並んでまだ数カ月なので、どの程度成功するかを語るにはまだ早い。ヘンリエッタは、できる限りのことはした。それが十分だったことを、彼女のためだけでなくマラウィの農家のためにも祈ろう。

ここまでのところ、すべて小規模な話ばかりだと言うことはできるだろう。ヘンリエッタが売る紅茶やデイヴィッドとイアンがオレラ村から買うようになったコーヒーは、隙間市場だと。それにベンテも、大衆市場のために働く大企業よりは、こうした隙間市場で働く小規模企業を相手に商売することのほうが将来的には多くなるだろうと考えている。

茶葉の九〇パーセント以上が、品質をほとんど考慮しない市場で設定された価格で日用食品として買われるため、高品質の茶葉を少量しかつくらない生産者が割り込む余地はほとんどない。マラウィ産茶葉に関していえば、アフリカの尺度でも最底辺にあるだけになおさらだ。だから現状では、高品質商品の割り当てをもっと増やしたい倫理的生産者や販売者は、市場の残り一〇パーセントの中で競わなければならないのだ。

しかし、エシカル・アディクションズやレア・ティー・カンパニーのような企業が恐ろしいほど競争の激しい市場で存在できていること自体、そうした企業に経済的な意味があることの証明だ。しかもヘンリエッタは、ある程度粘り強くやれば、要所であるスーパーにも食い込んでいけることを実証してみせた。セインズベリーズやウェイトローズの棚に商品が並んだだけでも、称賛に値する。

こうしたビジネスモデルが私たちの認識や買い物の仕方に与え得る影響を認識するのは、

重要なことだ。つまるところ、グリーン・アンド・ブラックスもキャドバリーのような巨大企業と競合する隙間産業としてスタートし、今では主流になりすぎて、まずはキャドバリー、次にはクラフトフーズが買収に乗り出したくらいなのだから。

その上、新たに親会社となった大企業は買収後、同じ倫理原則を念頭に置いて事業経営を続けることを目指す、と言っている。グリーン・アンド・ブラックスが、フェアトレードが認知されるよりもずっと前から最高水準の倫理原則に則って事業をおこなっていたことも忘れてはならない。

そして何より、これら二つの成功談を世界各地の実例と比較すると、非常に説得力のある見方が生まれる。貿易への関心においても駆け引きにおいても、倫理的認証団体が提供するトップダウン型の解決策よりも巧みに構築された地域密着の解決策のほうがすばらしいということだ。

隙間市場ならそれでもいいかもしれないし、高級品市場で高い収益を上げられる幸運な一〇パーセントの人々にとっては助けになるかもしれないが、残る九〇パーセントには対して役に立たない、という意見もあるかもしれない。だが、ここで考えるべきなのは、地域密着型の取り組みが大規模な製造業にも展開できるものなのかどうかだ。

したがって、ベンテとヘンリエッタに会ってから私の中に芽生えた疑問は、入念に磨き上げられた地域密着型の解決策が成功するかどうかではない。それは成功するのが明らかだ。そうではなく、私の疑問は、それが大規模展開しても成功するかどうかだ。

これに関して半信半疑だったことは認めざるを得ない。だが、それも西アフリカのコートジボワールで活動するオラムという会社の名前に行き当たるまでだった。それが私を旅の最後の行程へと向かわせた。

8

貧しくて飢えている農家を抱えていても、
私たちにいいことは何もありません。

綿と折り合う
コートジボワール・北部の反逆者

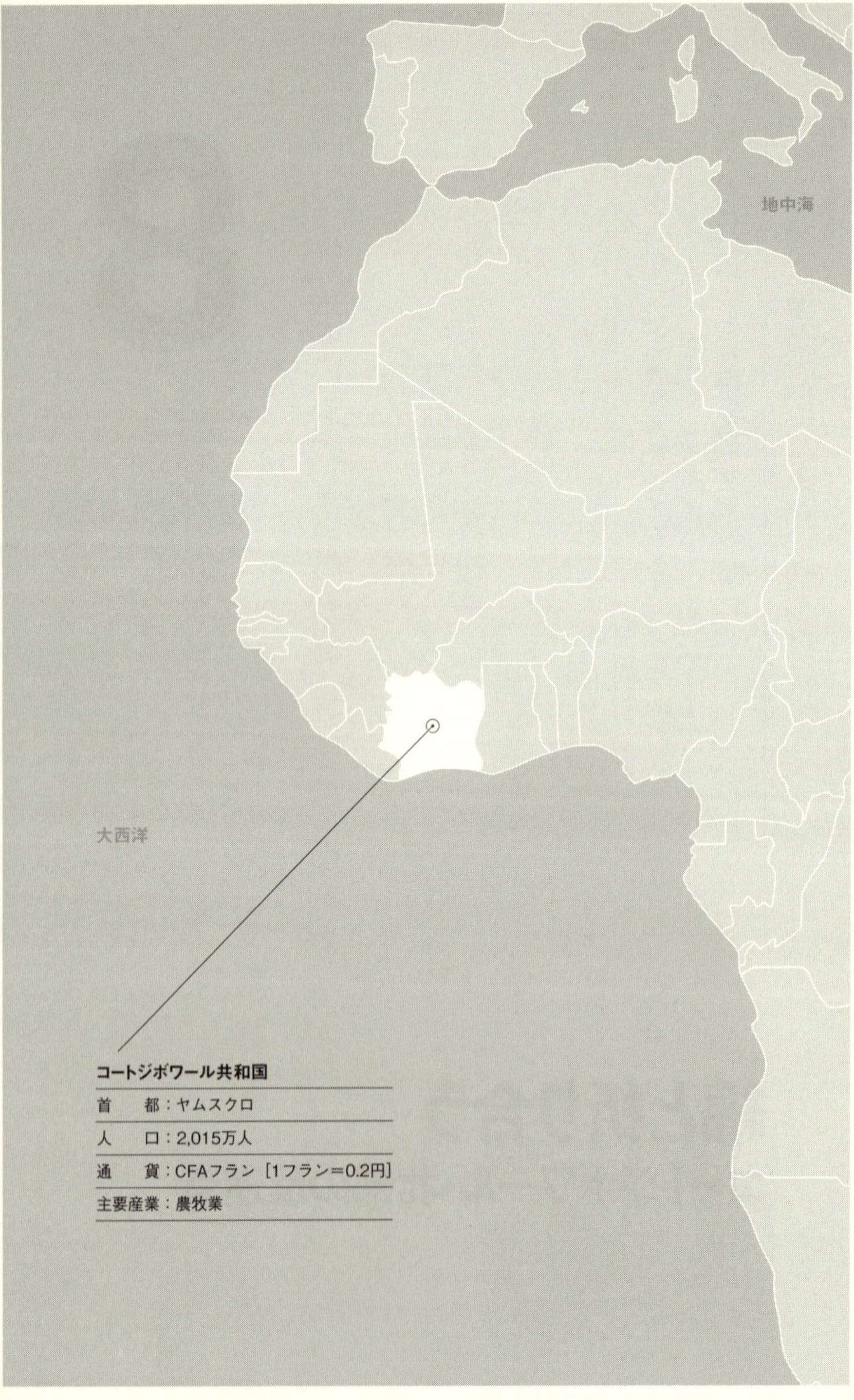

コートジボワール共和国

首　　都：ヤムスクロ
人　　口：2,015万人
通　　貨：CFAフラン［1フラン＝0.2円］
主要産業：農牧業

乾いた熱国

本当ならコートジボワールにはもう一カ月早く入るつもりでいたのだが、大統領がすべての国境を閉鎖するよう軍に命令してしまったために延期を余儀なくされた。大統領の命令は、血塗られた内戦から七年目を迎える、この分裂した国を団結させるために実施されたはずの大統領選挙が裏目に出たものだ。執筆時現在も、在職のローラン・バグボ大統領は、選挙戦に敗北したにもかかわらず権力の座にしがみつき続けている［訳注：二〇一一年四月に失脚］。世間には大統領より多くの票を獲得したと認識されている人物は、国連の保護の下、国の最大の都市アビジャンで事実上の自宅軟禁状態にある。この一カ月だけで何百人もが殺され、暴力行為が徐々にエスカレートするにしたがって何千人もが逃げ出している。

これ以上予定を遅らせるわけにはいかないと、私はコートジボワールに行ってしまうことにした。暴力の震源地を避け、北に国境を接するブルキナファソから遠回りをして入国しようと決める。つまり、アフリカ大陸の中心部と西海岸とをつなぐ幹線道路沿いに南へと、車で六五〇キロも移動しなければならないということだ。その間ずっと背中に受け続ける焼けつくような貿易風《ハルマッタン》は、霧のように低く空にかかる砂塵雲をサハラから連れて来る。

道中、村をいくつも見かけたが、ほとんどが道路脇すぐに建てられた泥小屋の小さな集落で、住民たちはシャツを引っ張り上げて口と鼻を覆った格好で日々を暮らしていた。これだけの砂埃にもかかわらず、外気温は三〇度を超えている。この気温と砂埃が一緒になって生み出すカラカラに乾ききった空気が、この地域の主要な換金作物にとっては最適なのだ。その換金作物こそ、綿だ。

コートジボワールの国境で、私は警備兵がパスポートをめくり続けるのを眺めていた。ブルキナ人たちで満杯のバスが何台もゲートを通過して、私が目指すのとは逆の方向へ走っていく。コートジボワールでさらに暴力がひどくなりそうだという懸念が、どうやら彼らを故郷へと向かわせているようだ。今回のような暴力行為が前に発生したとき、コートジボワールはそのまま内戦へと突入した。

国境警備兵がようやく私のビザを発見し、入国を許可するスタンプに手を伸ばす。この兵士は、驚くほどおしゃべりだった。「われわれに必要な大統領は一人だ」と言い、それがあたかも重要な情報であることを強調するかのように、スタンプの先を私に向けた。「ひとつの国に二人の大統領。夢のような話だ」

「悪夢、という意味？」と私。

「そうだ」と兵士は頷いた。「そのとおり。悪夢だ」。悲しげな笑みを浮かべ、彼は書類を私に返すと、長い腕を振ってゲートをくぐって良いと合図した。ゲートの向こうにある、「反政府地帯」と呼ばれる地域——二〇〇〇年代初頭の内戦以来、ずっと反政府軍の支配下にあるコートジボワール北部地域へ入ることが許された。ここ数年の事態は、コートジボワールでは単純に「難局《ラ・クリーズ》」として知られている。

私がこの国へ来ることを決めたのは、ここでの問題が過去数カ月に訪れてきたいくつかの国の問題とあまりにも酷似しているからだ。

ニカラグア同様、ここは最近まで内戦を経験してきた国だ。タンザニア（そしてアフリカの大半の国）同様、ここは深刻な環境・社会問題に直面している。コンゴやアフガニスタン同様、ここは現在ひどい政治的危機に直面しており、反政府軍によって日々危険にさらされている。そしてラオス同様、ここはとても貧しい農業地域を外国投資で開発しようとしている。

それでも、コートジボワールには倫理的意識と社会的責任感のある、持続可能で採算の取れる方法で、しかも大規模に運営している事業があると聞いた。それが、綿産業なのだ。

国境から道路をさらに南下していくと、ロバが引く荷車とすれ違った。荷台の四隅には四本の長い木の柱が垂直に立っていて、まるでひっくり返した大きなテーブルのようだ。その柱の間には、見たこともないほど巨大な玉のような原綿の塊が押し込められていて、ロバがでこぼこ道をゆっくりと一歩進むごとに、綿が砂だらけの地面に転がり落ちてしまいそうだった。これは西アフリカの綿花栽培地域ではよく見られる光景で、綿を生産するコートジボワール人農家が直面する難題を象徴するものでもある。

綿は、まさにその性質上、運搬が難しい作物だ。このような荷車をもっている農家が運べる量はせいぜい二〇〇から三〇〇キログラムで、それもごく短い距離に限られる。だが綿の紡績をおこなうサハラ以南のアフリカや東南アジアの国々へ輸出される前には、まず繊維の中に埋まっている種や、収穫時に紛れ込む不要な植物かすを取り除かなければならない。そのために、綿繰り機と呼ばれる機械に通す必要があるのだ。

二〇〇二年から〇四年までの内戦の頃、コートジボワールには一〇カ所の綿繰り工場があった。だが戦争の日々を経て修理されないまま次々と壊れていき、国の北東部にある工場をもっていた会社は二〇〇六年に倒産した。すると自分たちで修理する財源をもたない政府が、その地域の綿繰り工場を入札にかけることにした。そして一番大きな工場を買い取ったのが世界最大の紡績・取引会社、オラムだった。

オラムは六〇カ国で二〇種類の農産物を供給・管理しており、その年間売上高は一〇〇億ドルにもなる。専門は綿の販売だけではなく、コーヒーやチョコレートも取り扱う。同社は本社が置かれているシンガポールの株式市場に上場しており、最終顧客にはマークス&スペンサーやギャップなどの大手ブランドが多く名を連ねている。

コートジボワール国内において、かつてオラムの主な商業的関心はカカオの供給と販売に向けられていた。綿への移行は、ごく最近の戦略的判断だ。コートジボワールの綿繰り工場を購入するという判断は、綿産業に携わる企業としてこの国の未来に対しておこなった巨額の（数百万ドル規模の）投資の一部であり、相当な金融リスクを意味する。また、この地域に限っていえば、半径数百キロにわたって他に綿繰り工場がないため、農家に生命線を提供することにもなる。

コートジボワールは、アメリカの大規模生産者に比べれば、世界の舞台では脇役に過ぎない。綿花栽培は、北半球と南半球ではこれ以上ないというくらい異なるのだ。アメリカでは、この産業に携わる農家は二万五〇〇〇人未満で、それぞれが徹底的に灌漑され、機械化された二三〇ヘクタール以上の農場で綿を栽培している。

一方、アフリカの二五〇万人の農家は一ヘクタール単位の畑で主に牛を使って作業し、雨が降ることを祈るだけだ。アメリカの農家なら長繊維《リント》の生産量が年間二一五トンを下回ったらがっかりするだろうが、平均的なアフリカの農家は一トンか二トン取れただけでも万々歳だ。だが、その二五〇万人のアフリカ人農家が集結すると、彼らが生産する綿の総量は無視できない量になる。世界の綿輸出量の二〇パーセント近くにもなるのだ。

変化を起こしたい

コートジボワールにおけるオラムの綿事業責任者は、ジュリー・グリーンという女性だ。背が高く、上品な印象を与える三〇歳のアメリカ人駐在社員で、アフリカ大陸で暮らして七年になる。最初のアフリカ体験はNGOの職員としてで、その間、相応の数の学校や水汲みポンプをつくってきたという。オラムに移ったのは二年前で、動機はとあるNGOと協力してコミュニティに対して実施していた活動の進捗のなさにうんざりしたからだった。「商業分野のほうがもっといろいろできるんじゃないかと思ったんです」

というわけで彼女はいったんアフリカを離れ、ジュネーヴでMBAを取り、一年後にオラムのコートジボワールでの仕事に採用されて戻ってきた。その判断は正しかった、と彼女は思っている。「絶対に正しい選択だったと思っています。こっちのほうが、もっと変化を起こせている実感がありますから」

最初の難関は、眠っていた古い綿繰り機を叩き起こし、仕事を再開させることだった。綿繰りの工程では、複数の大きな機械を使って衣料品生産に使われるリントを綿実から分離させる必要がある。そのためウンガルドゥグという街の綿繰り機を購入し、修理するための投資は必須だった。

地元ではウンガルと呼ばれるこの街は、西アフリカの中心にある十字路につくられた薄汚い街だ。綿繰り以外に産業はなく、四方に伸びる道路がそれぞれまっすぐにコートジボワールの首都、ブルキナファソの首都、ガーナの首都、マリの首都へと伸びているものの、どれも最低六五〇キロは離れている。だからどこへもすぐにはたどり着けない。ウンガルは綿の街で、毎朝エスプレッソを売る小さな屋台であれ夕方に軽食を出す屋台であれ、話題はいつでも綿のことだ。

オラムがやってきた最初の年、工場はその本来の能力の七〇パーセントまでを回復することができた。一九七五年に製造され、一〇年間ほとんど動いていなかった機械の山にしては上出来だ。だがさらに一歩前進し、いまやジュリーは毎日二〇〇トンもの原綿が処理されるのを監督している。その量なら、工場はフル稼働しているといえる。

綿繰工場におけるジュリーの最初の課題は、単に生産量を最大化するというだけのものではなかった。工場を安全に働ける場所にするだけでも、膨大な量の仕事が待っていたのだ。

ウンガル市民で四〇歳のシアカは、工場の主任電気技師だ。ここでしか働いたことがなく、今では家族とともに敷地内に暮らしている。工場の安全面に不備があることを長年心配してきたが、いざ対策を打とうとするのは難しかったと語る。以前の経営者の下では一一カ月も給料すらもらえなかったので、基本的な安全面での改善に予算をもらうことなど期待できなかったそうだ。だが新しい経営陣がやってきてからは、何事もやりやすくなったという。

綿繰り工場を案内して回りながら、安全ケージに入ったケーブルが張り巡らされている様子を指し示した。「こいつらは全部新品だ」と誇らしげに説明する。「前は、ケージもなくぶら下がってるだけだった。すごく危なかった」。工場見学ツアーは新しい変圧器、発電機、それに設置したばかりの送水ポンプを巡っていった。送水ポンプは、頻繁に起こる火事への対策として導入された。乾燥した細いリントが熱い工業機械の中を通る綿繰りは、おそろしく引火しやすい作業なのだ。

シアカが特に気に入っている改善点は、だれも感電死しないように守ってくれる、新品の巨大なヒューズボックスだ。「現状にはものすごく満足してるよ」。小さく頷いてから、私が理解していることを重ねて確認した。「前は、すごく危険だったんだ」

一九七九年から綿産業に携わっている工場の作業長、ママドゥも同意する。オラムがやって来てから、工場の状況は驚くほど改善したという。「手袋やマスク、ゴーグルなんかの基本的な安全装備がここではいつでも手に入る。前に働いてた工場では、作業員は毎年一セットしか安全装備をもらえなかった。壊れてしまったら、ボスに『残念だったな』と言われるだけだった。代わりはもらえなかったんだ」

最近、欧米では健康や安全にこだわりすぎると私たちは文句を言うが、それが輸出されてここ西アフリカでこれほどまでの変化を生んだのだ。

オラムがコートジボワールでやっていることでひとつ特徴的なのが、注意をサプライチェーンの末端にまで向けていることだ。ジュリーは、この仕事に就いて一番興奮したのが、企業の事業利益と地域の開発ニーズとを結びつける方法を模索するチャンスが与えられたことだったと言う。地域の開発ニーズには、工場の作業員だけでなく、綿花を供給する農家のニーズも含まれる。さらに特徴的なのは、これが紛争地帯でおこなわれているということだ。荒廃しきった工場を近代化させるのも大変だが、それを反政府武装集団が支配する地域で操業し続けるのはまた完全に別の問題だ。

祖国を紡ぐ

この本を書こうと思い立ったとき、私はこれほどまでに兵士や戦闘員たちと話をする必要があるとは思ってもいなかった。だが、今回もまた、それをするために移動中だ。企業や農家がコートジボワールで暮らしを立てていこうとする上で、彼らの前に立ちはだかるのがなんなのかを理解したかったのだ。他の取材でも見てきたように、紛争が起こっている国では、銃を持った男たちが日常の一部である場合、彼らを無視することはできない。彼らのことも考慮に入れなければならないのだ。

そんなわけで、私はここでも、武器を取って血なまぐさい戦闘に身を投じた男性と差し向かいで話をすることになった。コフィ（仮名）は、二〇〇二年以来コートジボワールの北部地域を支配してきた「新勢力《フォルス・ヌーヴェル》」の中堅将校だ。新勢力は、この国に存在する二人の大統領のうち一人、ローラン・バグボに今も挑戦的に抵抗を続けている。

「難局《ラ・クリーズ》」の現状を伝えるメディアの多くによれば、コートジボワール国内の紛争はおおむねイスラム教の北部と、キリスト教の南部との諍いということになっている。コフィはすぐさま、それはばかげた話だと言った。彼自身、南部の出身だが仏教徒だそうだ。彼の説明によれば、新勢力はコートジボワールがだいたいそうであるように、さまざまな宗教や文化が混ざり合った組織なのだそうだ。戦闘の大義は宗教的なものではなく、イデオロギーの大きな違いによるものだという。「われわれは暴政と不寛容に対抗し、民主主義を求めて闘っているのだ」

コフィは背が高く、頑健そうな三〇代前半の男性だ。新勢力に加わった理由を、激しい情熱をこめて話してくれた。話している間中、その輝く瞳は一瞬たりとも私の目からそれることはなかった。

コフィいわく、彼は十代のときに勉強を続けるため南部から北部へ移ってきて、ホストファミリーの家に下宿していた。その家族とは四年間一緒に暮らし、今も兄弟のように思っている。その「兄弟」の一人と二〇〇〇年に旅行していたとき、コートジボワール人の行動とは思えない行為に直面したのだ。

「われわれの乗っていたバスが止められ、外に出て身分証明書を見せろと言われた」とコフィは思い起こした。「私の南部特有の名前を見ると行っていいと言われたが、兄弟は北部特有の名前だったので、警察に逮捕された」。そのとき、祖国に何が起こっているのかに気づき、何かしなければならないという思いに駆られた、とコフィは言う。「自分の声を届ける唯一の方法だったから、武器を取るしかなかった」

コフィが登録して二年後、新勢力はクーデターを起こし、それによりコートジボワールは内戦に突入した。コフィは国の北東部で自国の人々やリベリア人傭兵たちの混合部隊を相手に二〇〇四年まで戦った。その後新勢力は敗北を認め、全国規模の民主的選挙を約束して双方が和平協定に調印した。新勢力は国の北部に退いたが、選挙の実施には、二〇一〇年一二月までの六年も待たなければならなかった。

「選挙が終わったら次は何をするか、もう準備をはじめていた」。コフィは言い、苛立たしげに首を振って舌打ちした。「私は、警察に入るための書類ももう準備できていた。国軍に入るはずの連中もいた。バグボが選挙の結果を受け入れるなら、われわれは武器を置いてひとつの国として団結する用意はできている。われわれが願うのはただひとつ、祖国が再び普通に機能するようになることだ」

だが、バグボ大統領がコートジボワールで権力の座にしがみつき続けている限り、この国が

「普通に」機能するようにはならない。バグボは今でも南部を支配し続けており、新勢力は北部で活動を続けている。警官隊、憲兵隊、軍隊をもっていて、どれも金のかかる組織だ。コンゴとは異なり、この民兵組織は非常に秩序だっている。地元企業には税が課せられ、最大の納税企業のひとつがオラムだ。反政府地帯は内陸にあって南部の港から遮断されているので、新勢力はこの地域を出入りする商品にも課税している。「綿はもちろん、われわれにとって重要だ」とコフィ。「だが綿はコートジボワールの人々にとっても重要だ。だからわれわれは綿産業を支援しているのだ」

その支援は、ジュリーにとっては必ずしも支援のようには思えないかもしれない。オラムはアビジャンにある政府への公的な税金に加えて、新勢力への税金も支払わなければならないのだ。だがオラムは新勢力と最低限の合意を打ち出し、企業が経営を続けて人々が平和に暮らし続けられるようにはしている。たとえば、綿の一回の輸送にかかる税率は一二カ月先まで相互に合意されている。オラムが事業を続けるために際どいところを歩き続けていられるのは、彼らのこうした交渉力と決意の賜物だ。

このように紛争状態にある国の多くで、大規模な国際企業はとっくの昔に撤退している。もちろんその結果、農家は暮らしていく術がほとんど、あるいはまったくなくなってしまうのだ。

天と地ほどの違い

私たちが乗るパジェロは、ウンガルドゥグの工場から六〇キロ離れたサンドカハ村に向けて、未舗装の道をがたがた揺れながら走っていた。緑豊かなマンゴーやカシューの木が茂る以外、道の両側の畑は見渡す限り茶色で丸裸だ。まるで、夜のうちにイナゴの大群が通過でもしていったかのようだ。

だが遠くに見える自家用車サイズの真っ白い綿の山が種明かしをしてくれる。私が到着したのは、ちょうど収穫時期が終わる頃だったのだ。オラムの農地はコートジボワール北部で合計四〇万ヘクタールにおよぶ。これは、小規模な隙間産業などではないのだ。

午前中に、サンドカハ村に到着する。典型的なアフリカの僻村の光景だ。二〇軒かそこらの藁葺き屋根の泥小屋が、中央の広場を囲むように配置されている。村の女性たちは昼食の支度をするのに必要なお湯を鍋で沸かすのに忙しく、幼子を肩に引っかけたり、文字通り乳房にぶら下がらせたりしている。男たちは村の中心にあるマンゴーの大木の陰で物憂げにたむろしている。綿花の収穫が終わり、次の植え付けがまだ少なくとも一カ月から三カ月は先なので、今は農家にとっては楽な時期だ。

村長のダオダが木陰へ招いてくれ、私は農民たちと話しはじめた。男たちの多くは三〇代だが、一人だけ、白髪交じりの小さなあごひげを生やした穏やかな口調の男性がソロと名乗り、五三歳という熟年で村の最年長農家だと言った。ダオダとソロは今年の綿花が豊作だったので満足している。価格も高く、もう支払いを受けているのだという。

「この村には二一人の農家がいて、今年は全員で三五ヘクタールの綿を植えた」とダオダが説明した。「俺は、自分の畑を九ヘクタールに増やした。綿の収穫高は一〇トン以上になるだろう」。そうなると一ヘクタールあたり一一〇〇キロ以上の収穫高で、ダオダは優秀農家の部類に入る。

今年達成した高い収穫高の見返りに、来年はオラムの「クレディ・エトワール」プロジェクトで追加の融資が自動的に受けられる。オラムは契約農家全員に無料の種と補助金つきの肥料や農薬を提供しているが、昨年は優秀農家に四万ドル以上の無利息融資も提供したのだ。

ダオダとソロは、状況があまり良くなかった時代を覚えている。戦争がはじまる前の数年間、綿繰り機の所有者たちは綿を回収するためにトラックをよこしたが、支払はいつも遅れていた。「最初は一カ月か二カ月遅れるだけだった。だがそのうち、まるっきり支払ってくれなくなった」とソロは言う。「しまいには、二年間も未払いのままだった。ひどい時代だったよ」

ダオダは、綿花栽培自体を諦めてしまうところだったという。短期的には、綿を栽培する範囲をほとんどゼロにまで減らした。やがて戦争が終わると会社が倒産し、政府は新しい買い手が見つかるまでの間、綿繰り機を動かし続ける管理者を探す必要に迫られた。そこへ現れたのがオラムだった。

以来、ダオダもソロも、状況は改善し続けているという。ダオダいわく、農家が一番満足しているのは、オラムが常に期日どおりに代金を支払ってくれることだそうだ。さらに、農家が品質の良い綿を育てるために必要なものも提供してくれる、と彼は指摘する。種や肥料、農薬など、農家が「投入資源《インプット》」と呼ぶものだ。

こうした不可欠な投入資源が、それまでもらっていたものとどう違うのだろう。私の質問に、二人は一瞬顔を見合わせてから大笑いしはじめた。やがてダオダは身をかがめ、足元の赤土に触ってから私を見上げた。「天と地ほどの違いさ」。彼がきちんと仕事をするために必要なものを与えてくれた企業は、たしかにオラムが久しぶりだ、とダオダは言った。

ダオダは、一九七〇年代後半にこの地域で綿を栽培しはじめた頃のことを語ってくれた。話をする彼は、中国から帰国して初めてゴムの木を導入したラオスの農家、ボルサイを思い出させた。ダオダは、アフリカの農家のみんなが最初は懐疑的だったが、新しい作物というアイディアに徐々に集まってきたと話した。その頃は物事がうまく運び、一九九〇年代前半にはだれもが綿を栽培していた。いい時代だったのだ。「人々は穏やかで、本当の社会的団結があったよ」と言う。「だが、戦争がすべてを破壊した。全部失われてしまった」

もちろん、ラオスはコートジボワールのように最近まで内戦に苦しんでいたわけではなく、比較をあまりに単純化しすぎるのは危険だとわかっているが、それでも、コートジボワールでのオラムの事業とラオスでの中国系ルイフェン・ラバーの事業を比較すると、ダオダとソロの暮らしのほうがずっとうまくいっているように思える。

「難局《ラ・クリーズ》」がいかに村の取引に影響を与えているかについてソロが説明すると、また別の比較が頭に浮かんだ。「最近の問題があってから、トラックが南の市場へトウモロコシを運べなくなってしまった。オラムがここまで回収しに来てくれるから、今取引できる唯一の作物は綿なんだ」

アフガニスタンでも、武装集団が設けた検問を通過して市場へ作物を運ぶことの難しさから、麦に切り替えることを躊躇するアヘン農家が同じような悩みを口にしていた。彼らは、マフィア系の組織がアヘンを買いたければ、少なくとも村の入り口まで直接回収に来てくれると言ったのだ。アフガニスタンのアヘンとコートジボワールの綿は比較などできるものではないが、どうやら地方の貧困層が直面する問題の多くは、世界中で共通しているようだ。

ウンガルの綿繰り機を購入したオラムは、舵を握ることになった。綿は、農家が綿繰工場に売る最終製品がリントだけでなく種も含んでいるという点で他の作物とは異なる。つまり、麦やトウモロコシと異なり、農家の手元には来年の作付け用の種が残らないのだ。綿繰機を所有することの戦略的重要性とは、綿花栽培地域で農家に還元する種を、綿繰り業者が管理する点にある。このため、オラムは栽培される綿の品種だけでなく、毎年つくられる収穫高もしっかりと監視できる。

ジュリーが、その論拠を説明した。「つまり、私たちがより良い品質の種を農家に配布する力をもっているということになります。私たちは種を無料で配布していますが、それは農家が私たちの種しか使わず、サプライチェーンの中で他品種が混入するリスクを軽減できるからです」。そしてもちろん、農家はより品質の高い作物を栽培するチャンスが増え、オラムはそうした作物に喜んで高値をつけるというわけだ。

オラムは農家に対し、最善の環境で育てた綿を供給するようにと奨励してもいる。そのためのプロジェクトのひとつが、農薬や肥料の費用を前倒しで融資するものだ。これもやはり無利息で、農家がこうした費用を最初に負担しなくてもいいようにしている。第三世界の農家の多くが抱える問題は、作物の品質を高めるために必要な投資をする手段をもたないということだ。オラムは、綿農家からその悩みの種を取り去ろうと努力している。農家は一年の終わりに手に入った利益の中から費用を返済し、余った分は自分のものにできる。

ダオダは、オラムが綿繰り工場を救済しに来てくれなかったら、事態はぞっとするようなことになっていただろうと言う。「綿がなければ、ここでの暮らしはものすごく厳しいだろう。売れる綿がないというのは破滅的だ。待っているのは飢えと飢饉だ」。だが、サンドカハ村は飢えていない。

それどころか、いい暮らしぶりだ。ダオダは、住民が村の中央に新設した三つの貯蔵庫を見せてくれた。ひとつは米で、二つはトウモロコシで一杯だった。こんなに多くの食料が村にあったのは、かなり久しぶりのことだ。実は去年食べきれなかった分まである、とダオダは言った。

村の片隅には、乾燥したトウモロコシの山がいくつもあった。「これが去年の収穫の残りだ」とダオダ。「だが、もう虫にやられている」。一本拾って皮をむくと、黒い穴だらけの実が現れた。長期保存用にトウモロコシを守る化学薬品があるから、来年はこんなことにならないようにするのだそうだ。ジュリーがすぐさま関心を示した。「前倒しの融資ができるかもしれないわ」

タンザニアのベンテ同様、ジュリーが常にここにいるということは彼女がチャンスを見つけやすく、大きな効果を生むかもしれないイニシアティブを支援できる。タンザニアとの違いはもちろん、ジュリーがゴーサインを出せば実に膨大な数の人々が影響を受けるということだ。五〇〇〇人の農家とその家族、すなわち三万人が恩恵を受けることになる。「とてつもなく大きな責任です」と、少し不安そうに彼女は笑った。「私の判断ひとつでどれほど多くの人生が変わるかと思うと」

しかし、ジュリーのそうした判断を支えているのは、彼女自身の鋭い商売感覚だ。「こうしたイニシアティブは持続的でなければ価値がないと私は信じています。そして、持続的であるためには、採算が取れなければ」

たとえば、農家に綿のためだけでなくトウモロコシ畑用の肥料も提供するという彼女の判断を見てみよう。オラムはトウモロコシ生産に商業的関心は一切ないが、綿花栽培用に四袋の肥料を農家に渡せば、結局一袋は必ずトウモロコシ畑にまかれることに気づいた。「それなら一袋余分に渡しておいたほうがいいでしょう」とジュリーは言う。「そうすれば、私たちが求める高品質の綿ができるよう、十分な量の肥料をちゃんと綿にやってくれますから」

それで高い収穫高が得られるなら、余分な一袋の肥料にかかる費用の元は取れると彼女は考えた。そしてもちろん、農家は恩恵を受ける。「貧しくて飢えている農家を抱えていても、私たちにいいことは何もありません」

難問とうまく付き合う

だが、いつも親切なボスでいるわけにはいかない。ジュリーは、農家の能力を最大限に引き出すためには何が必要かについて、現実的でいなければならない。かなり難しい決断を下さなければならない場合も多い。オラムがなぜ農家の機械化を支援しないのか、という質問をよくされるそうだ。たとえば、なぜ植え付けの時期のあとに、畑を耕すトラクターをもって来てくれないのか？

ジュリーはそれが必ずしも産業を発展させる最良の方法だとは見ていない。小規模耕作に、トラクターは常に現実的だとは言えないのだ。それに、過去には、農家がトラクターのための融資を約束されたためにがんばって収穫高を上げたのに、いつまでも来ないその融資を待って植え付けが遅くなってしまったことが何度もあった。

だからその代わりにオラムは、一種の資本融資パッケージとして農家に牛を支給している。二頭の農耕牛は、五ヘクタールを耕すことができる。綿花栽培のカギは、雨季がはじまったらできるだけ早く種を蒔くことだ。簡単な方程式だとジュリーは言う。「劇的に収穫高が上げられない限り、トラクターがあっても意味がないんです」

農家に牛を使うよう奨励するのは大企業にしては時代に逆行する行動のように見えるかもしれないが、オラムにとってのカギは、配った二万五〇〇〇ヘクタール分の種から可能な限り多くの利益を得られるようにすることだ。そのためには種ができるだけ早く蒔かれるようにするのが肝心で、そのためには農家に自立を促すのが最善の方法だ。

もちろん、五〇〇〇人の農家一人ひとりと個別に取引するのは現実的ではない。昔から、コートジボワールの農家は協同組合にまとまっている。ジュリーは、組合と仕事をするのは

「避けられない頭痛」だと言う。主要な器具や肥料などを配布するのには便利だし、ある程度のリスクは相殺することができるが、組織が非常に腐敗している場合もあるからだ。

協同組合の長は、綿花栽培から二つの方法で収入を得ている。まず、納められた綿の重量を農家に過少報告することで、約二パーセントの「税」を綿にかけている。「ほとんどの場合、私たちが協同組合から買い上げる綿の重量は、彼らが農家に告げていた重量よりも多いんです」。当然、その差額を懐に入れるのは組合長たちだ。

加えて、オラムはすべての協同組合に対し、「社会的割増金」とでも言うべき一キロあたり七・三CFAフラン（三・五パーセント）を支払っている。これは、地域プロジェクトに資金を供給するため、協同組合に還元されるはずのものだ。だがその金が農家のもとへ戻ることはまずない。

「大きな協同組合の責任者は、組合を個人的な会社だと思っているんです。まず、投入資源を売り飛ばすことで甘い汁を吸う人たちがいます。それが一番たちの悪いタイプですね。そこまでひどくない責任者はこんなことを考えます。『もっと農家が組合員になれば、その分の年末のボーナスは俺のものだ』って。協同組合が負債を抱えているのに自分はベンツを乗り回しているような組合長もいますよ」

あいにく、こうした連中との取引は、避けて通れないのだという。国際市場の綿の価格は執筆時の現在、史上最高値をつけており、オラムはできる限りの供給を確保したくてたまらない。つまり、たとえ責任者のやり方が気に入らなかったとしても、協同組合との取引が必要なのだ。組合に異議を申し立てて、競合他社に行かれてしまうようなことになっては困るというわけだ。

自分は現実的でいなければならない、とジュリーは言う。組合長が何かしらの余得を得られるのでなければ、このシステムが機能しないことを彼女は理解している。同時に、農家の利益も守りたいと思っている。ぎりぎりのラインを渡っていかなければならないのだ。「私たちの農家ができる限り騙されないようにしつつも、組合長たちにある程度の余得が行くことも受け入れなければいけません。ただ、行き過ぎてはほしくないだけです」

理想的には、協同組合が納品量に関して農家に正直であってほしいとジュリーは言う。「妥当な給与を受け取るのはいいんですが、何かしらコミュニティのプロジェクトにも使えるくらい十分な額を残しておいてほしいんです。でも、だれも読み書きができない所で透明性を保とうとするのは……」

こうしたことすべてが、タンザニアのオレラ村で見たことと驚くほど似ているのに私は気づいた。ベンテのように、ジュリーも大手協同組合の内政に巻き込まれないよう気をつけなければならない。ベンテがキリマンジャロで説明してくれたように、コートジボワールの大手協同組合の組合長たちも、よそ者が自分の個人的な事業利益に干渉していると思うとすぐに動揺するのだ。

ここでも、小さな村が組合長に騙されていることに気づいて組合から離れ、自分たちでもっといい取引ができるようにしようと試みた場合、責めを負うのはしばしば欧米の関係者だとジュリーは言う。「組合長たちは、私たちが関与しないよう気をつけていても、協同組合を分解させようとしていると言って私たちを非難するんです」

ジュリーは、コートジボワールが昔からこんなふうだったわけではないと思っている。「だれもが、ここの人たちがどれほど誇り高く、勤勉で正直だったかという話をします。でもこの一〇年から一五年の間、戦争と反乱の間に、その文化は完全に破壊されてしまいました。盗みや不正がどんどん入ってきて、今ではすっかり蔓延してしまったんです」

課題は、その文化を方向転換させることだ。ひとつの方法が、品質の差に応じた等級別の価格を提示することによって、一番品質の高い綿を生産した農家に対する動機づけをおこなうというものだ。だが政府は現在、そのような行為を禁じている。コートジボワールの綿企業は綿の品質をたった二種類でしか評価しておらず、それぞれの価格は政府が固定して、農家が公正な取引ができるようにしている。オラムはこれを回避するため、もっとも高い収穫高を上げた農家に賞品を出すという方法で対応している。ジュリーによれば、今のところ、この競争は農家の能力を最大限に引き出しているようだ。

農家が自助努力できるよう力づけるというオラムの長期的野望の成果は、サンドカハの村などで見ることができる。

少しの応援を受けて村は力を合わせ、使われていなかった古い建物を学校として使うべく改修に乗り出した。村のだれかが識字教育プログラムを希望したわけではないのだが、こうした形で農家を支援することも、長期的には彼らの助けになるのだとオラムは考えている。狙いは、農家に初歩的な読み書きと計算技術を教えることだ。オラムは、村が建物の改築に投資している証が見られたなら、教師の育成にかかる費用の出資をする用意があると言っている。ただ、ひとつだけ小さな落とし穴があった。「私たちは、最低でも高校は卒業した人を見つけなければいけないと彼らに伝えたんです」

だが、それは彼女が思っていたよりも難しい注文だった。「ここに来たときは、非識字率が七〇パーセントか八〇パーセントくらいだろうと思っていました。ですが農家ではそれが九七、八パーセントというレベルでした。それに三〇パーセントくらいが、五まで数えることすらできないんです」。それは、透明性を高めようとしている企業にとっては深刻な問題だ。収穫高を上げる方法を教えるどころの話ではない。「肥料を何袋使ったかも数えられないような人たち相手に、これとこれとこれをすれば収穫高を三〇パーセント上げられるという話なんかしても無駄でしょう」とジュリーは指摘する。

だが現在、村はスタートラインに立っている。村人たちが根性を見せ、学校には真新しい黒板が取りつけられた。ジュリーにとっては、これこそ彼女が見たかった、村人たちが真剣であるという証だった。「どうやら、先生を見つけてこないといけないみたいですね」

「弱者」が未来に投資する

オラムが企業レベルでどれほど真剣に企業の社会的責任を考えているかは、彼らがCSR部門のオフィスを構えた場所を見ればわかる。ロンドン中心部の一等地にあるビルの最上階のオフィスから、オラムのCSR最高責任者クリス・ブレットは国会議事堂やテムズ川の流れを眺めることができる。西アフリカの綿畑とはえらい違いだ。

クリスは、オラムが世界中で実施しているプログラムの中枢を担っている。私がオフィスに入るや否や、コートジボワールでオラムが実施しているプログラムがいかに彼らの総合的な企業戦略に合うもので、いかに彼がコートジボワールのプロジェクトをとりわけ誇りに思っているかを熱心に語り出した。彼のｉＰａｄにはすでにプレゼン資料が詰め込まれており、一枚目のスライドはオラムが支援するコートジボワールの綿花栽培の成長率がどれほど急速だったかを表していた。オラムに綿を納めている農家の総数は二年間で三倍に増え、耕作されている畑の面積は二万ヘクタールに達している。そして、クリスがもっとも誇らしく思うのが、一ヘクタールあたり平均六〇〇キロだった収穫高が一〇〇〇キロ近くにまで順調に伸びていることだ。「これがカギですよ」とクリスは言う。「収穫高が増えれば、農家は価格変動による影響を軽減できる。われわれが常に改善しようと努力しているのはそこなんです」

クリスによれば、当初オラムは、コートジボワールの綿繰機につけられた価格に懸念を覚えていたという。五〇〇万ドルというのは、大きな覚悟の要る買い物だった。「古い綿繰機はもう経済的には機能できなくなっていて、完全に近代化させるには高額の投資が必要だとわかっていました」

だが、綿繰り機を操業し続けるのにも高い費用がかかる。オラムは、農家にきちんと自分の役割を果たして十分な量の綿を生産してもらわなければならなかった。「元を取るには、最低でも一万五〇〇〇トンの綿実を繰る必要があるという試算が出ました。ですが最初にコートジボワールに入ったとき、現地の総生産量は九〇〇〇トン未満だったんです」。計画がうまくいっているのは、ジュリーと部下たち、そして地元農家のたゆまぬ努力のおかげだ。

二年のうちに、オラムは採算の取れる綿花栽培に戻るチャンスを五〇〇〇人のコートジボワール人農家に提供した。彼らは、内戦前よりもずっと高い収穫高と利益をすでに達成している。オラムはただプロセスがうまく回るようにしただけだ、とクリスは言う。与えられたチャンスを最大限に生かすためには、やはり農家が相応の努力をしなければならなかったのだ。
「他人に頼っているだけでは、どこにも行き着けませんからね」

こうしたことすべてが、地方の貧しい農村が商魂たくましい企業と結びつくことでいかに恩恵を受けられるかを証明している。トラクターの代わりに牛を支給した話についてジュリーが言及したことを思い出すと、真の商業的洞察力がなければ、こうした村に必要なのは機械化やトラクターなどの新しい機材だとみなしがちだということがわかる。実際、それが発展途上国で活動する多くのNGOの採用してきた戦略なのだ。

だがオラムは、直接採算性を高められるすべての要素を考慮している。種、牛、土壌の質、廃棄物管理、その他諸々の作業工程だ。「当社の利益は、当社の管理能力が生むものです」とクリスは説明する。「作業工程を通じて価値を付加することと、それをいかにして売り込むかが、当社がサプライチェーン全体で利益を上げる方法です。そして、当社のもつ能力は、それを採算の取れる事業にできる点にあります」

ダオダが村で話してくれたように、オラムの役員会議室に座るクリスも、この関係をオラムと農家とのパートナーシップとみなしている。この関係では双方が一番得意なことをして、全体的に利益を上げられるようにするのだ。

「一番避けたいのは、農家に生産コストより低い価格を払うことです」。綿は一年かけて育てる作物なので、今年儲けが出なければ、来年も植える農家は少なくなる。すでに何百万ドルも投資したオラムは、そんなリスクを冒すわけにはいかない。

「農家が収穫高を上げられるよう支援するたび、価格下落の影響から農家と当社自身を守っているんです。当社にとってはビジネスですから、成功させなければいけません」。仮に世界価格が一〇パーセント下落して、必要最低限の生活をぎりぎりのラインで送っている農家がそのラインの向こう側に落ちてしまっては、オラムには意味がないのだ。

オラムの長期的課題は、規模を拡大するためには農家にもっと多額な運転資金を投入する必要がある中で、いかに規模を拡大していくかということだ。クリスは、コートジボワールの農業グループが再び採算の取れる事業になったと証明できれば、地方銀行の融資を申し込めるだけの信用を得られると期待している。農家が真の自立を実現するカギはここにあり、イニシアティブが本当の意味で長期的に持続可能であるためには重要な点だ。

「融資対象の農家に協力するよう地方銀行に呼びかけ、当社は保証人になります。そうすれば、実績を上げた農家は再投資ができる。以前は担保不可能だと思われていた人々が、将来は自分の未来に投資できるようになるんです」

認証してもらう必要はない

オラムは、こうしたイニシアティブから得られる利益を隠そうとしない。同社はコートジボワールで生産されている綿からすでに多くの利益を得ている、とクリスは語る。そしてオラムは、現在世界の綿供給量の合わせて七〇パーセント以上を生産しているアメリカ、ブラジル、中国以外に綿の生産拠点を開発することにとりわけ熱心なのだそうだ。

農家の納めた綿を綿繰り機で処理したあと、オラムはそれを紡績会社に持ち込み、そこで衣類に使われる綿織物に仕上げる。

したがって、紡績会社は綿の追跡可能性《トレーサビリティ》において主要な役割を果たす。私たちが今着ている綿のシャツは、おそらくそれぞれが世界のまったく異なる地域で育った、数種類の綿でつくられているはずだ。そうすると、サプライチェーンはおそろしく複雑になる。クリスの課題は、彼のコートジボワール産綿を、消費者に直接届けることだ。

消費者を生産者とつなげることに熱心な小売業チェーンのテスコは最近、自社が販売する綿衣類に、原料がどこで生産されたかを正確に表示するラベルをつけることを計画した。クリスはそれがいい考えだとは思うが、最終的な綿織物に七、八カ国から届いた綿が使われているのでは、ラベルがシャツよりも大きくなってしまうのではないかと指摘せずにはいられない。

そのため現状では、小売業者はせいぜい紡績会社までしか商品をさかのぼれず、そこからオラムのような企業が紡績会社から農家までをたどることになる。オラムは倫理的に生産した綿を市場で直接販売できるようになりたいと思っているが、そのためには紡績工程をもっと掌握できるようになる必要がある。それができれば原料から製品までのつながりをたどり、オラムのラベルがついた綿を市場に送り出すことが可能になるのだ。

もうひとつの方法は、オラムの綿に倫理的認証を受けるという選択肢だ。だがクリスは、そこには答えがないと考えている。オラムはコーヒーやカカオなど、他の事業でフェアトレード財団やレインフォレスト・アライアンスと協力しているが、綿で同じ方法がうまくいくとはクリスは考えていない。

「小売業者や顧客の多くが、他の商品には倫理的認証がついているのだから綿にもほしいと言います。ですが、それはただ問題を棚上げしているだけです。認証さえされていれば大丈夫だろうと思ってしまうんです」。顧客になぜ認証がほしいのかと聞くと、そこにはたいてい二重の理由があるという。「ひとつはマーケティングのため。もうひとつは、サプライチェーンの管理に貢献したと言えるためです」

そして小売業者は、商品にもっと認証をつけてほしいと言うわりには、そのためにかかる余分な認証費用は負担したがらない場合が多い。「当社だってその費用は負担したくない。ではだれが払うんです？　農家ですか？」クリスはときどき、農家を守るために彼らに代わって交渉するのが自分の仕事なのかもしれないと思うことがある。

それだけではない。クリスは、倫理的認証のコンセプト自体にもっと根本的な疑念を抱いている。

「倫理的認証は、いまだに隙間産業です。本当に主流になったとは言えません」。そしてそこには、クリスが求める大きな変化を起こすことへの限界がある。

「隙間産業向けに生産していては、大きな問題はあまり解決できません」。むしろ、オラムがそれ自体で持続可能性や倫理的活動と同義になればいい、とクリスは願っている。

種や肥料の購入資金を農家に融資することで、オラムはどこに自分たちの金が使われているかを常に把握している。クリスは、それが肝要だと言う。そのおかげでオラムは、自社製品がその生産地までたどれると言い切れるのだ。だが、クリスは認証に対する態度を決めかねているようだ。

「いいですか、当社は認証については中立なんです」と、両手を広げて肩をすくめた。「顧客が求めるなら、認証もいいでしょう。顧客が希望するなら、つけることもできますよ」。そのあとに「でも」が来るだろうな、と待っていると……「でも」と彼は言った。

「おまえはいい仕事をやったなとだれかに言ってもらって、それに対して代金を支払い、よそのロゴを当社のブランドの上にくっつけたいなんて、どうして私が思うんです？」

アメリカの大手食品会社マースは、自社の扱うカカオを二〇二〇年までにすべて持続可能な方法で調達できるようにしたいと発表した。クリスは、突き詰めるとそれがラベル表示の話になると言う。

「彼らが話しているのは、レインフォレスト・アライアンスなどの認証のことです。ということは、ある意味、当社を信用していないということです」。クリスにとって、それは彼が望む解決策ではない。本当に持続可能な解決策は、オラムの倫理的資質をブランドの一部とすることであり、自分たちがしていることに証明印を押してくれる認証団体に頼ることではないのだ。

クリスは、彼自身や彼が猛烈に誇らしく思う部下たちがコートジボワールで成し遂げていることに明らかに情熱的な信念を抱いており、その業績には相応の称賛があってしかるべきだと思っている。「オラムが良い会社として有名になることを望んでいます。しかし、それをだれかに認証してもらわなければならないようでは、当社のブランド力が薄れてしまいます」

オラムは、「より良い綿イニシアティブ《ベター・コットン・イニシアティブ》」という、小売業者、生産者、紡績会社を含む組織に加盟した。その存在理由《レゾン・デートル》は、綿のサプライチェーン全体を通じてより良い方法が協議される場を提供することだ。「この組織は、ロゴをつけたりパッケージをつくったりするために存在しているわけではありません。どちらかというと、より持続的な方法で綿を生産する仲間を迎え入れる組織です」。大手小売業者が軒並み加盟しているので、オラムにとっては、小売業者らと農家のつながりをどのようにつくるかを議論するいい場所にもなる。クリスにとって、これは宣伝や倫理的認証の話ではなく、より良い事業を奨励するための道を提供するということなのだ。

おわりに

ロンドンの聖ポール大聖堂前。ピンストライプのスーツに赤いサスペンダーをつけた男性が、シティ方面に向かってキャノン・ストリートを足早に歩いていく。そして大聖堂の正面にずらりと並ぶ、一〇〇かそこらのテントの列に向かって道路越しに叫んだ。「仕事しろ！」

するとひとつのテントの奥から、間髪入れずにだれかが叫び返した。「人生を楽しめ！」

聖ポールのキャンプは、二〇一一年後半に世界中の都市で次々と起こった数百のデモ活動のひとつで、それらは総称して「オキュパイ」デモと呼ばれている。なぜそんな活動が起こったのかのヒントを求めて、私は現場にやって来たのだった。

テントの間を縫うように歩いていたら、ウシの着ぐるみを着て「ＰＥＴＡ（動物に対する倫理的待遇）——今こそ完全菜食主義になるとき」と書かれたプラカードを掲げた男性が目に入った。その状況を理解しようとしていると、同じＰＥＴＡのロゴがプリントされたバッグを持った若い女性がその男性に近づいた。男性はウシの頭を脱ぎ、女性が差し出した温かいコーヒーをありがたそうに受け取る。そのコーヒーが、見まごうことなきスターバックスのカップに入っているのを私は見逃さなかった。

彼の後ろには二本の街灯の間に張られた巨大な横断幕があり、「革命に焼き印《ブランド》は押せない」

と主張していた。

これは、とんでもなく矛盾しているように見えるかもしれない。そしてたしかに、「オキュパイ」キャンプには他にいくつもの矛盾する信条があるようだ。ひとつの統一されたメッセージがあるのではなく、あたりはそれぞれ異なる大義を訴える横断幕だらけだった。もっと責任をもってエネルギーを使おうと呼びかけるもの、別居中の父親が子どもに会いやすくすべきだと訴えるもの、警察の蛮行の改善を求めるもの。若者たちが配っているチラシの内容は、資本主義の終わりを訴えるもの、化石燃料への依存の終わりを訴えるもの、さらにはBBCの受信料の終わりを訴えるものまでさまざまだった。

だが、背景や優先度こそまったく異なるように見えるものの、「オキュパイ」の抗議者たちに共通しているのは、現代社会で自分たちがどれほど除け者にされてしまっているか、自分たちの声がどれほど聞き届けられていないかに対する怒りと苛立ちだ。

私が話を聞いた相手は皆、社会が今のように発展してしまったことに不満を訴えた。キャンプの図書館の役割を果たしている少し大きめのテントの外で、私はニックという名の、大柄でがっちりした男性に出会った。

「前は差し押さえ執行官だったんだ」。抗議者たちに立ち退き通知が出されたと新聞で知った彼は、自分の専門知識を役立ててもらおうとここにやって来た。「彼らの声を聞き届けるまでは、だれも彼らを動かしたりなんかしないさ。だれもね」と、力強い頷きで私に請け合った。

共通の目的を定めるでもなく抗議を続けて二カ月、キャンプ内部ではいろいろと状況が変わりはじめ、具体的な問題に焦点を当てるいくつものワーキンググループがつくられだした。

道の向かいにあるカフェ・ネロの地下で、私は「オキュパイ」の経済ワーキンググループのメンバー十数人とテーブルを囲んだ。このグループは、来週マスコミに発表予定の声明の草案をつくっていた。そこには、「経済専門家」として彼らが懸念している、七つのもっとも根本的な問題の概略が記されていた。

会合をはじめるべく腰を下ろしてしばらくは、おしゃべりが続いていた。グループのメンバーの何人かが電車に乗って、あるいは仕事帰りに会合にやってきたと包み隠さずに話すのが、最初は奇妙に思えた。どうやら、大義のために声を上げる手助けをするのに、キャンプの住民である必要はないらしい。

具体的な要点をひとつずつ話し合っていくと、大げさな怒りの表現の合間に、比較的常識的に思える、包括的な案も聞こえてきた。銀行や金融機関がもっと責任をもつべきであり、経済システムはもっと持続可能になり、この社会はもっと平等であるべきだという議題も含まれていた。政府にはもっと規制を厳しくし、もっと税を取り、もっと長期的視点をもってもらいたいと訴えている。

このグループはまだ具体的な政策の提案ができるまでには至っていないが、もっと公正な社会をつくっていくのであれば、こうした心情が大事なのは間違いない。「オキュパイ」グループは頑ななまでに現実的だ。資本主義体制をひっくり返そうなどという話は出てこない。資本主義は、欠点こそ多いものの、やはり人々を貧困から救う方法としては私たちに与えられたもっとも有効な手段なのだ。だが、ここでの共通認識は、他の場所で見てきたのと同様、資本主義体制が搾取に寛容すぎるという点だ。

グループが声明文を仕上げているのを聞きながら、彼らの関心がいずれは銀行業界を通り越して他の産業にも向けられるだろうと確信した。銀行業は、短期主義や不当利得行為、取引の不公平な条件が、いかに一般の人々を貧困に陥れるかの一例に過ぎない。私たちの食料をつくり、私たちの鉱物資源を掘り、私たちの電子機器を組み立てる人々が他の産業にどれほど搾取されているか、そしてこうした人々がいかに私たちの注目を必要としているかは十分見てきた。

今求められているのは、一握りの最富裕層が最弱者を食い物にして私腹を肥やす、無限にあるようにさえ思えるチャンスを抑え、最弱者を守れるようなやり方で現在の体制を発展させていくことだ。本質的には、「オキュパイ」運動は公正さを求めているのだろう。今の金融体制における公正さは言うまでもなく、より幅広い国際社会全体の公正さもまた然りだ。

公正さとは、人々が当然受け取るべきものを受け取れるようにすることだ。コンゴの鉱山作業員たちやニカラグアのダイバーたちは、生計を立てるためにだれにも負けないくらい一生懸命働いている。彼らは施しを求めているわけではなく、ただ不公平な経済体制がこれまで彼らに与えることを拒否してきた正当な分け前を求めているだけだ。

公正さとは、交換による相互関係であるべきだ。あなたが欲しいものを私があげるから、あなたは代わりに私が欲しいものをくれる。だれにでも簡単に理解できる概念だろう。

私はこの本の最初に、倫理的ビジネスの裏に隠された真実を暴く、と約束した。

そして一年間世界の貧しい人々と一緒に暮らし、彼らの働き方を見、彼らの話を聞くことでその真実を探そうとした。完全な結論を導くことは目的とせず、大手企業の名の下に実行される不公平さの具体的実例を明らかにすることを目標としている。私たちのこの社会が大手企業を中心に動いている以上、大手企業が彼らのために解決策を打ち出さなければ他にその役割を果たせるものがないことは、私のこれまでの経験から確実に言える。

大手企業と従業員の利益は一致しないものと思われがちだ。非人道的なヴィクトリア時代の工場や作業場の頃から、大手企業は貧困の救済策としてではなく、その元凶として見られることのほうが多かった。だが、実際には必ずしもそうではなかった。初期の多国籍企業の多くが、十分な利益を上げながらも社会的責任を真摯に果たすことが可能だと実証してみせた。

たとえばキャドバリーはクエーカー教徒の価値観に強い影響を受けて従業員に住宅を提供し、奴隷を使う農園でつくられたカカオの使用を避けた。巨大多国籍企業ユニリーバは、ウィリアム・リーバという人物が創業した会社からはじまっている。リーバ氏は賢明な社会的責任感の持ち主で、従業員のためにちゃんとした住宅、市役所、画廊まで備えた街を丸ごとつくったほどだった。同時代の大産業家タイタス・ソルトやエドワード・アクロイドらも競争相手をはるかに上回る額を投資し、従業員のためにより良い居住環境を整えた。

とはいうものの、こうした大手企業がつくった前例に倣う者は稀であり、この一〇〇年間、企業はおおむね違う道を選んできた。四〇年前、経済学者ミルトン・フリードマンはこう言っている。「企業の社会的責任はたったひとつ。所有者である株主のためにできるだけ多くの利益を上げることだ」

フリードマンにとって、社会一般の利益のための投資は、自腹でやる分には結構だ。こうした投資は、彼の主張によれば、「個人の社会的責任であり、企業のものではない」。企業にとって唯一の社会的責任は、「その資源を活用し、利益を上げる目的の活動に取り組むこと」なのだとフリードマンは語っている。

近年、フェアトレード財団のような活動団体はコーヒーやチョコレートなどのサプライチェーンにおける不均衡に積極的に取り組んできたが、その主な成果は、本当に絶大な影響を及ぼすよりは意識を高めることに終始している。

それでもフェアトレード財団らがこれほどまでに意識改革を起こせてきたという事実は、私たちが前進する方法を示しているのかもしれない。企業は、社会的責任を果たすことと利益を上げることは必ずしも相反しないのかもしれない、と気づきはじめている。「倫理的」は単なる「正しい」ことではなく、マーケティング上の強みにもなり得るのだ。

ある調査によれば、商品の倫理的認証は消費者にとってますます重要になってきているそうだ。大手企業はトレンドに敏感なものだが、現在のトレンドはといえば、目抜き通りでもっとも成長の著しい分野である「倫理的商品」だ。同様に、大手企業が依存する投資環境も、倫理的要素にますます影響されるようになってきている。

今ではアメリカの運用ファンドの三兆ドル以上が、社会的責任のある投資戦略に従って運用されている。それが意味するところは、大手企業がより責任ある行動を取るにはどうするかを確かめるなら、今が絶好のタイミングだということだ。

責任をもつと言う前に、無責任であることをやめよう

不幸にも、一部の企業が実際には責任を果たしていないのにあたかも責任を果たしているかのように、消費者に対してグリーンウォッシュ［訳注：環境保護を考慮しているふりをして利益を貪ること］を企てる方法はまだいくつか存在する。そのひとつが、幅広い社会的責任への献身ぶりを示すために社会的プロジェクトに携わることだ。だが、それは多くの場合、本当に大事な問題から目をそらさせる結果となる。

たとえば、ニカラグアの海岸沿いの街で車椅子を押している手足が不自由な若き元ダイバーたちは、サンゴ礁の保護プロジェクトや海洋管理のことなど気にしていない。この産業で最優先とすべきなのはダイバーたちの仕事場であるサンゴ礁の保全ではなく、しばしばダイバーたちの死や深刻な怪我を招く非人道的な「仕事のやり方《モドゥス・オペランディ》」に終止符を打つことだろう。

残念ながら、企業の責任は倫理的相殺システムで機能するわけではない。大手企業が手っ取り早い宣伝効果を得る手段として慈善募金に目を向けるのは、あまりにもたやすい。その理屈はこうだ。「あのチャリティにちょっと金を注ぎ込めば、うちがどれだけいい会社かみんなわかるだろう」。だがニカラグアの現状を見れば、それが十分ではないことがわかる。

博愛主義――どうもありがとう、でも結構です

大手企業はプロジェクトに出資し、裕福な個人は莫大な個人資産から寄付をするが、博愛主義だけで貧困は解決できない。中国で見たとおり、個人の博愛主義的動機はその性質上非組織的なので、ニーズとかけ離れていたり、予測や保証をすることが難しかったりする場合が多い。本当に長続きするのは、採算が取れるイニシアティブだけだ。寄付をする先として特定の目立つ大義を追求するよりも、企業は世の中を良くしようという欲求を自身の経営手法全体に埋め込んだほうがいい。

私はこの実例をコートジボワールで見てきた。そこでは綿を輸出している企業が、教育と栽培技術を提供することで自社の利益だけでなく地元農家の収入も増やせることに気づいた。これは、コアとなる事業目標と社会的責任が一体となった最高の例だ。

大手企業は将来的には、この方法で事業をおこなっていく必要があると私は考えている。その理由は一部が「アメ」、一部が「ムチ」だ。

「ムチ」――だれもがすべてを知っているものだと思え

まずは、「ムチ」だ。私たちは透明性の高まる時代に生きている。グローバル・ウィットネスやウィキリークスのような活動団体、ジャーナリストや本（たとえば本書）を書く人々は皆、

大手企業の行動に関心をもっている。産業界の不正行為や二重基準《ダブルスタンダード》、汚染、搾取、企業の拝金主義といったネタはよく売れるのだ。その上、こうしたネタを拡散させる技術はかつてないほど進歩している。フェイスブックやツイッターなどのソーシャルメディアがあると、企業の不正行為のようなおいしいネタはまたたく間に世界中に広がるのだ。

そうなれば、実際に疑わしい方法で経営している大手企業は、いずれあぶり出される。そうした企業はブランドに傷をつけるような問題の在庫整理をおこない、どうやって解決するかを決めていかなければならない。

「アメ」――美徳は報われる

もちろん、多くの企業はすでにとても賢明なイニシアティブに取り組んでいる。だがこうした話は、消費者がだれ一人見ようとしない企業ホームページのCSRのページにひっそりと隠されているだけの場合が多い。フェイスブックやツイッターが「マイナス効果広告」に使えるのなら、企業の成功を大々的に宣伝するのにも使えるはずだ。

今、企業が自社の責任ある企業イニシアティブとソーシャルメディア戦略との足並みを揃える方法を考えるべきときが来ている。人はいいニュースを聞きたがるものなのだから、何かいいことをしたときに得られる気分の良さから最高の宣伝効果を得てみてはどうだろうか？

下からはじめて上へと向かう

コートジボワールで綿農家に投資しているオラムは、より社会的責任のある行動からどれほど相互利益が得られるかを示す最高の実例だ。オラムは自社のサプライチェーンにあった弱点を制して優れた効率性を手に入れ、それにより高い利益を得られるようになった。

オラムはさらに、社会的責任のあるイニシアティブは下からはじめて上へ向かって働きかけていくほうがうまくいくことを証明した。現地で生まれた解決策のほうが、トップダウン型のものよりもうまくいくことが多いのだ。世界の貧困層はどれも同じではない。世界共通の解決策が、具体的な個々のニーズに応えられることはめったにない。

イニシアティブが構築されてからも、それが自力で持続可能になるまでには長期間の支援が必要だ。タンザニアの善意あるコーヒー農家、ベンテがあれほどはっきりと実践してみせたように、地方の貧困層は近くの成功した事業と組むことで、最大の利益を得られるのだ。

これが、世界の貧困層にとって最大の希望だ。大手企業の強みは、その管理能力と革新力にある。それこそ、世界の貧困層が一番手に入れにくい能力だ。彼らに必要なのはノウハウの注入と、それを使い続けられるようにするための支援だ。

この観点では、第七章で紹介したレア・ティー・カンパニーや第二章のエシカル・アディクションズのような小規模企業が先駆者といえる。課題は、彼らの成功をどうやって大規模に展開させていくかだ。

ここでの問題は今のところ、実用性よりもむしろ態度にある。大手企業は、大きな話を好む場合が多い。そして、根の深い問題を解決する特効薬がどこかにあるはずだと思いがちだ。だが実際には、世界の貧困層を支援する上での障害は複雑で長期的だ。

世界共通の手っ取り早い解決策など存在しない。しかし現地レベルで簡単に達成できる成功術はたくさんあり、それらが集まると大きな成果を生むことができる。この方法で活動する利点は、純粋に現地レベルの問題が対処され、教訓が得られ、その教訓が大規模な問題に適用され得るということなのだ。

チャイナ・ファクター

取材旅行で訪れた先すべてで、私は中国の経済力を目のあたりにした。中国は名目上こそ共産主義かもしれないが、その考え方はこの上なく資本主義だ。ラオス北部のジャングルは、天然資源に対する中国の渇望を満たすため、発展の名の下に世界の貧困層が見過ごされてしまう危険を示すひとつの例に過ぎない。

欧米の資本主義は、自らが築いた植民地主義の歴史と闘っている。コンゴ東部で見てきたように、自らの失敗が私たちのせいだと非難するだけで結局は何もしない機能不全国家に投資するべきかどうか、そういう倫理的な判断を要するときに私たちはすぐ悩まされてしまう。

一方中国は、そうした亡霊に悩まされることがまったくないようだ。気をつけていないと、欧米のナイーブな倫理意識は単にいい加減な人たちに参入の機会を与えるだけになりかねない。間に合わせの坑道で鉱物を掘り続けるコンゴ人鉱山作業員たちや、彼らが掘り出した鉱物を売りさばくのに頼っている仲介業者たちがそれを証明している。西に存在する資本主義の進化形は、東で現在実践されているもっと未熟な形のそれよりもずっとましな解決策なのだ。

生産を外部委託したからといって責任も外部委託していいわけではない

中国国内でも、労働者のために活動しているわけではなさそうな大企業があるという憂慮すべき兆候があった。中国には、欧米での消費のために商品を低賃金で製造、組み立て、梱包する半熟練の労働者たちがいる。発注する企業にとってその状況を管理するのは難しい。業務の委託先の企業が倫理的でなかったら、委託主は倫理的だと言えるだろうか?

この疑問への答えは、大音量の「ノー!」でなければいけないと私は思う。私たちが繁華街で買い求める商品についているのは、中国の製造会社のロゴではない。欧米の大手企業のロゴだ。消費者として、私はそのロゴを信頼できなければならない。でなければ、どうやって商品を選べばいい?

もっともらしい反証による言い訳に対抗するには、今がいい時期だ。私に言わせれば、大手企業が単に「悪いことが起きているとは知らなかった。だから対処する必要もなかった」と言い逃れるだけではもはや十分ではない。大手企業の責任はすべからく、サプライチェーン全体を理解するところからはじまるべきだ。商品の生産過程で何かとても良くないことが起こっているなら、それを発見し、指摘し、改善するのは企業の責任であるべきなのだ。

外部委託は欧米の生産コストから経営上重要な何百万ドルもを削減してくれるが、節約されたコストの一部は保証と管理に還元しなければならない。自らの倫理的資質を自慢し続けたいのなら、企業はサプライチェーンを元までたどる方法を見つける必要がある。

そのためには大手企業、そして中国にも透明性をもっと高めてもらわなければならない。中国の労働者が給料や労働環境について情報交換しているように、インターネットはすでにいい効果を生み出しはじめている。情報がもっと広く知れ渡るようになるのは時間の問題だ。企業は、たとえば一部の中国系企業の行為の結果が、いずれは供給先の欧米企業に跳ね返るだろうという前提のもとに行動しなければならない。

知らなかった、ではもう済まされないのだ。

この本の根底にあるのは、企業に対する要望だ。それはより高い透明性とコミュニケーションを求めるものである。企業が、自社の商品が底辺にどれほど影響を与えるかだけでなく、より幅広い社会にどれほど影響を与えるかも考慮しているという保証、そして本社の社員だけではなく、サプライチェーンの末端にまで至るすべての従業員が尊厳と敬意をもって扱われ、適正な報酬を受けているかどうかを考慮しているという保証を、消費者は求めているのだ。最優先事項は、それが実行されること。次に優先されるべきなのは、消費者がそれを知ることだ。

大手企業は自分からは行動しない

本書に書いた話は、私たちのニーズに応えるべく必死で働く世界中のもっとも貧しい人々の暮らしがどんなものか、そのごく一例を切り取ったものだ。世界中の農家、鉱山作業員、ダイバー、工員たちの暮らしを良くしたいと願う倫理意識の高い消費者は、大手企業が変化を起こしてくれることを当てにするしか選択肢がない。

一杯のコーヒーを買うために毎回タンザニアへ飛んだり、最新の携帯電話を手に入れるために中国へ飛んだりするわけにはいかない以上、末端の人々との仲介者、仲買人、橋渡し役として、大手企業に頼る以外にないのだ。したがって、何か変化を望むのであれば大手企業との関係は欠かすことができない。そして良好な関係に必ず言えることだが、コミュニケーションがカギとなる。

もちろん、消費者の選択はそれだけではうまく機能しない。ラオスやアフガニスタンで見てきたように、政府は最悪の慣習を禁じ、最善の慣習を奨励する方向で法を制定していかなければならない。そして消費者としての私たちの役割は、買い物かごに入れる倫理的商品の割合を増やしていくことだ。また、私たちの行動に対して大手企業がどんな反応を示すかにも注意を払う必要がある。

企業が倫理的イニシアティブを立ち上げたり倫理的新製品を発売したりしたときに、それを支援するかしないかは消費者が決める。私たち消費者は力を合わせ、私たちの意思決定を通じて大手企業を操ることができる。そうやって大手企業の経営方法に影響を与える力を私たちはもっている。最終的には、私たち全員が責任を担うのだ。

謝辞

何よりもまず、本文中に登場するすべての人々に感謝を述べたい。彼らの寛容さと誠実さがなければ、この物語を伝えることはできなかっただろう。途方もなく絶望的な状況にある人々が人生の仔細を赤の他人に快く話してくれるという、その心意気に私は常に驚かされ、感謝の念に打たれてばかりだった。

また、本書には登場しないが感謝の意を伝えたい人々も大勢いる。このような本を書くには、大きなバックアップがないと取材ができない。そのためには自分よりも前に現地にいた人々のコネや紹介が欠かせず、私が世界中の各所を安全に訪問できるよう助けてくれた人々には、感謝の気持ちで一杯だ。

とりわけ、ニカラグアでミスキートのダイバーたちの世界に足を踏み入れる手助けをしてくれたカルロス・コフィンとエリック・ピックルズ、無事にコンゴへ入出国できるよう取り計らってくれたケヴィン・サイツとアマニ・マタバロ、アフガニスタンで秘密の手帳を覗かせてくれたリアン・グッチャーとジェイムズ・ブラバゾン、そして本書のアジア部分での支援に関してはケイト・ラザルス、ジル・ジャオファ、キム・テイラー、そしてグローバル・ウィットネスの皆さんに感謝したい。

また、ランダムハウスの担当者、ナイジェル・ウィルコックソンには洞察力に満ちた好意的な編集をしていただいた。そして本書執筆中はエージェントのゴードン・ワイズの揺るがぬ支援に、それに両親キアラン・ウッドマンとミリアム・ウッドマンからは意見や提案をもらって本当に助かった。

最後に、ヴィクトリア・シャレットに。きみの果てしない忍耐力と支援に、いつでも話を聞いてくれたことに、そして旅から帰国すると必ず最初に迎えてくれたことにありがとう。

［著者］
コナー・ウッドマン
Conor Woodman

英国 TV キャスター、ジャーナリスト。ナショナルジオグラフィックの番組「Scam City」のホストを務め、世界中で取材を行う。本書において、英国で最も優秀な政治に関わる文書に贈られるオーウェル賞を受賞。

［訳者］
松本 裕
Yu Matsumoto

米国オレゴン州立大学農学部卒。小学校時代の 4 年間を東アフリカのケニアで、大学卒業後の 2 年間を青年海外協力隊として西アフリカのセネガルで過ごす。帰国後より実務翻訳に携わり、その後 2009 年に初の訳書『アフリカ　動き出す 9 億人市場』を上梓。他の訳書に『世界で生きる力』『世界を変える教室』『私は、走ろうと決めた。』（以上、すべて英治出版）などがある。

● 英治出版からのお知らせ

本書に関するご意見・ご感想を E-mail（editor@eijipress.co.jp）で受け付けています。また、英治出版ではメールマガジン、ブログ、ツイッターなどで新刊情報やイベント情報を配信しております。ぜひ一度、アクセスしてみてください。

メールマガジン：会員登録はホームページにて
ブログ：www.eijipress.co.jp/blog
ツイッター ID：@eijipress
フェイスブック：www.facebook.com/eijipress

フェアトレードのおかしな真実
僕は本当に良いビジネスを探す旅に出た

発行日　2013年　8月25日　第1版　第1刷

著者　コナー・ウッドマン
訳者　松本裕（まつもと・ゆう）

発行人　原田英治
発行　英治出版株式会社
〒150-0022 東京都渋谷区恵比寿南 1-9-12 ピトレスクビル 4F
電話　03-5773-0193　FAX　03-5773-0194
http://www.eijipress.co.jp/
プロデューサー　原口さとみ
スタッフ　原田涼子　高野達成　岩田大志　藤竹賢一郎　山下智也
杉崎真名　鈴木美穂　下田理　山本有子　原拓也　中野瞳
印刷・製本　大日本印刷株式会社
装丁　寄藤文平＋吉田考宏（文平銀座）

ISBN978-4-86276-159-0　C0036　Printed in Japan

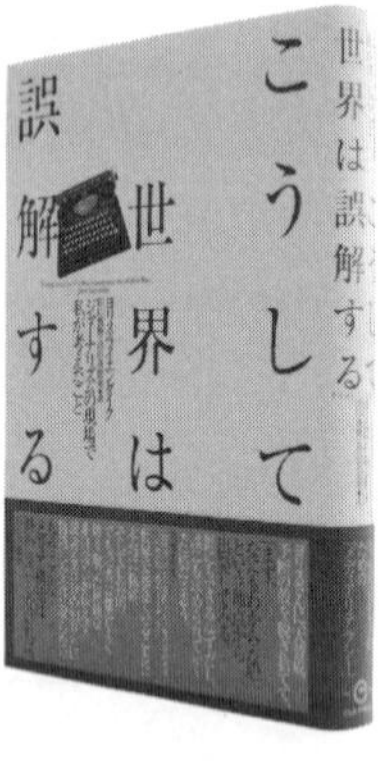

こうして
世界は
誤解する